家教礼仪

JIAJIAO LIYI

拙耕 编著

吉林教育出版社

图书在版编目（CIP）数据

家教礼仪 / 拙耕编著 . —长春 : 吉林教育出版社，
2019.1（2025.6 重印）
ISBN 978-7-5553-6156-5

Ⅰ . ①家… Ⅱ . ①拙… Ⅲ . ①家庭教育－礼仪 Ⅳ .
① G78

中国版本图书馆 CIP 数据核字（2018）第 144789 号

书　名	家教礼仪				
编　著	拙　耕				
责任编辑	张　瑜		排版设计	侯　建	
			装帧设计	仙　境	
出版发行	吉林教育出版社				
	（长春市同志街 1991 号　邮编　130021）				
印　刷	三河市天润建兴印务有限公司				
开　本	660mm×960mm　1/16				
印　张	20.75				
字　数	231 千字				
版　次	2019 年 1 月第 1 版　2025 年 6 月第 2 次印刷				
定　价	59.80 元				

如有印装质量问题请直接与承印厂联系调换

目录

第一章　家教礼仪是家长的必修课

家长是孩子成长中的初任老师，也是影响孩子一生的示范样板。没有不成才的孩子，只有不会教育的家长。家长要教育和培养孩子以良好的品格与全面的素质走上成才之路，家庭教育礼仪就是对家长施教行为的规范要求。

第二章

互尊互爱，做孩子的知心朋友

现代家教，从来都是把尊重孩子的人格放在第一位。家教礼仪正是根据这一总原则、总要求，强调父母与孩子的平等性，要求父母与孩子相互尊重、相互信任。作为父母，首先要放下架子，学会既要用爱心去感化孩子的心灵，又要给孩子应有的尊重，让孩子在自尊中明白道理，在自信中走向成熟。这是每个希望孩子健康成长的家长，都应自觉遵守的家教礼仪规范。

第三章

多多地赞赏与激励孩子

没有不能成才的孩子，只有不会教育的父母。教育孩子健康地成长需要父母多多地去赏识与激励孩子。缺乏激励的孩子，犹如生长的禾苗缺乏滋润的阳光雨露，往往容易因为自卑而畏缩不前。善于赞赏与激励孩子的家长，会给孩子的不断进步和天天向上提供无形的动力，让孩子在充满自信中走向成功的未来。

第四章

注意方式方法，巧与孩子沟通

心理学家一直强调：良好的亲子沟通对儿童的性格态度及行为发展有着极其重要的影响。父母只有与孩子进行良好的沟通，才能了解到孩子心中所思所想，知道孩子想要什么，需要什么，心理上出现了哪些问题，然后才能够"对症下药"，给予适当的引导和帮助，使孩子快乐成长。

第五章　说服与劝导孩子要讲究艺术

父母与孩子的对话，最能体现家长的教育艺术。如何说服与劝导孩子，需要父母掌握以理服人、以情感人的语言表达方法。每个孩子在成长的过程中，都非常需要父母给予及时正确的引导。但这种引导不是把父母的意志强加给孩子，不能违背孩子的成长规律。善于艺术地运用说服教育的手段，站在孩子的角度开导孩子，是家长应有的家教礼仪。

第六章　批评与责备孩子要讲究方法

批评与责备，是家长纠正孩子错误必需的教育方式。批评要达到目的，责备要能让孩子改过，就需要父母讲究方式方法，把握好"度"。不能当孩子犯了错之后压不住火而口不择言，更不能以辱骂、嘲笑、人格攻击的方式责备孩子。不讲方法、不懂礼仪地批评孩子的父母，往往会给孩子造成严重的心理伤害，对孩子的人格形成与人生成长都会造成不利的影响。

第七章 怎样教育成绩差、贪玩和网恋的孩子

每个孩子的成长过程，都不会是一帆风顺的，一定会遇到各种各样的成长障碍，甚至会出现成长中的滑坡、学习上的退步、人生中的困顿和迷惑。怎样教育好这样的孩子，考验着父母的教子智慧与施教能力，检验着父母的家教耐心与家教艺术。身为孩子的人生导师，每个家长都应当开动脑筋，运用科学的方法，寻找教育孩子的有效途径。

第八章　怎样化解青春期孩子的逆反情绪

逆反情绪，是每个进入青春期后的孩子身上出现的正常现象。父母若对此缺少理解和关心，缺少正确的引导和科学的矫正，那么，孩子的逆反情绪就会愈演愈烈，甚至出格变异，酿成家庭悲剧。

1

第一章

家教礼仪
是家长的必修课

家长是孩子成长中的初任老师，也是影响孩子一生的示范样板。没有不成才的孩子，只有不会教育的家长。家长要教育和培养孩子以良好的品格与全面的素质走上成才之路，家庭教育礼仪就是对家长施教行为的规范要求。以礼施教，可以让孩子从小养成高尚的品德和文明的素质，在未来成长道路上展示一个有礼、自信、文明的自我形象，为人生奠定成功的基础。实践证明，家教礼仪，就是开启教子成才之门的金钥匙。学好用好家教礼仪，是每个家长的教子必修课。

一 教子成才十分需要讲究家教礼仪

　　家教礼仪，是家长教育子女的行为规范。现代家庭教育，十分强调礼仪的突出作用。总结家庭教育的成败得失，一个重要的结论是：教子成才，不能违背教子规律，更不能违背家教礼仪。以礼仪教化子女，是家长成熟与家教成功的标志。

家教礼仪是教子成才的金钥匙

　　家庭教育中，礼仪渗透到家庭日常生活的方方面面，发挥着越来越重要的作用。尤其对孩子的成才与未来人生具有不可替代的重要作用。

◎ 有利于塑造孩子的高尚人格

　　礼仪反映着一个国家、一个民族的文明程度，是社会风尚和道德水准的重要标志，也是一个人的思想觉悟、文化修养、精神风貌的基本体现。我国著名思想家颜元说："国尚礼则国昌，家尚礼则家大，身尚礼则身正，心尚礼则心泰。"在家庭教育中，讲究礼仪对提高孩子们的道德素质，塑造高尚人格具有十分重要的教育和导向作用，是一条教子成才行之有效的途径。这是因为，礼仪对人的要求包括表里两个方面，它既要求一个人要有与人为善的道德观念，又要有优雅得体的言行举止。因此，从小接受过良好礼仪教育或注重礼仪修养的孩子，很容易形成高尚的人格。

一个孩子从小通过家长的言传身教来知礼行礼守礼，通过学习礼仪，可以提高自身的道德修养和文明程度，更好地显示自身的优雅风度和良好的形象。礼仪教育是培养和造就成功人士的重要因素，其作用是其他形式不可替代的。

◎ 有利于提升孩子人际交往能力

一个孩子如果从小在家长的教育与熏陶下，懂得并且运用不同场合的礼仪知识，就能够更容易地与人打成一片，使与他交往的对象倍感亲切自然，乐于接纳和接近，从而得到人们的理解和尊重，门路可以更宽，朋友可以更多，造诣可以更高。

一个彬彬有礼、言行得体的孩子，在人生道路上将会如沐春风，不断受到人们的尊重和赞扬，而且他自己就是一片春光，会给别人、给社会带来温暖和欢乐。

◎ 有利于丰富科学文化知识

希望孩子未来成才的家长，必须懂得从两个方面重点对孩子从小加强教育和培养：一是给孩子更多的品德教育、礼仪熏陶和文明教化；二是要学好科学文化知识，提高思维理解能力，语言表达能力、认识问题、分析问题、解决问题的能力，能够帮助处理未来人生中的各种矛盾，密切人际关系。要知道，孩子们礼仪熏陶与学习进步是相辅相成、互动增长的。孩子从小具有一定的礼仪知识，养成文明有礼的习惯，有助于掌握更多更全面的知识，有助于陶冶情操，使人情趣高雅，充满活力。

同时，丰富的科学文化知识也是促进礼仪修养的一个基础。孩子学习并丰富各种知识，才能使自己更加懂礼貌、讲礼节，思考问题才能周到详尽，处理问题才能得体妥当，才能在走入社会后，以良好的形象与人进行广泛的交流。

正是因为家庭教育礼仪在孩子成长与成才过程中具有不可忽视的作用，甚至决定着孩子未来人生的发展。所以，在每个家庭中，父母都绝不能轻视礼仪，都应在教育孩子的过程中学习礼仪、讲究礼仪，以"礼"教子，育子成才。

家庭教育礼仪的基本功能

家庭教育礼仪具有以下几项基本功能。

◎ 沟通与调节

在家庭教育中，父母的言谈举止、体态仪表和情绪感情，都作为一种潜在的信息传递给孩子。良好的礼仪修养可以塑造美丽的形象，表达友好的交往愿望，增进亲子之间和家庭成员之间的信任、了解与亲情。如果每个家长都能遵循一定的礼仪规范去进行家庭教育，亲子之间就很容易沟通。而沟通情感正是礼仪的首要功能，也是礼仪的首要目的。

家教礼仪的调节功能，对亲子之间相互关系模式起着规范和及时调整的功能，可以化解矛盾、建立新的亲子关系模式，在发展健康、良好的家庭关系中，家长与孩子有时会突然发生冲突，甚至会采取极端行为。讲究家教礼仪有利于促使冲突各方保持冷静，缓解已经激化的矛盾，使父母与孩子之间的感情得以沟通，建立相互尊重、彼此信任、良性互动的关系，进而有利于孩子的健康成长。

◎ 尊重与礼貌

礼仪的核心要求是尊重。尊重即向对方表示尊敬和敬意，同时对方也还之以礼。礼尚往来，有礼仪的交往行为，蕴涵着彼此的尊敬。在家庭教育中，孩子再小，父母也要重视孩子的人格，以平等、友善、礼貌的文明举止施教。作为家长，自觉地执行家教礼仪规范，教育孩子能以礼相待，一方面可以使亲子双方的感情得到沟通，有助于加强亲子之间互相尊重并建立亲密感情，避免不必要的矛盾和冲突。在向孩子表示尊重、礼貌的过程中，也会获得孩子的理解和尊重。从另一方面讲，讲究家教礼仪也有助于缓和化解已经出现的家庭矛盾。

在家庭教育中，父母与孩子之间免不了会发生摩擦、冲突。在这种情况下，良好的言行举止可以化解矛盾、缓和气氛，避免冲突的升级。

◎ 教化与熏陶

家教礼仪以一种道德熏陶与文明教化的方式，对家庭中的家长和孩子发挥着明显的教化功能。家教礼仪作为一种道德规范，对每个家庭成员都有影响，都会以"传统"的力量不断地由老一辈传递给新一代。家长通过对礼仪的学习和应用，有益于在家庭教育中建立新型的亲子关系，使得家长严于律己，宽以待人；孩子讲文明，懂礼貌，与家长和睦相处，形成温馨的家庭环境。可见，家庭教育礼仪的教化熏陶功能具有极为重要的实际作用。

◎ 约束与规范

家教礼仪作为行为规范，对家长的施教行为具有很强的约束和规范功能。在家庭教育中，礼仪约束着家长的态度和动机，规范着家长的教育方式，协调着亲子之间的关系，维护着家庭中的和谐气氛，在教子成才中发挥着巨大的作用。礼仪通过制约、教化、示范等教育形式，要求父母和孩子共同遵守文明有礼的行为规范，纠正家庭教育中不正确的教育行为。比如，命令强迫、棍棒教育、溺爱放纵、过度限制的不良方式，是违背礼仪规范，也是违背教子规律的。实践证明：自觉接受礼仪约束的父母是成熟与教育成功的标志。

家庭教育礼仪的基本原则

礼仪作为行为规范，对人们的社会行为具有很强的约束作用。家庭教育中，讲究礼仪有助于净化家长的教育理念，规范家长的教育行为，维护家庭中和谐的氛围。一个孩子的文明礼仪水准如何，往往反映着其家长和整个家庭的文明水平和素质教养。可以说，有文明的家长，必有懂礼的孩子。提倡家教礼仪的学习、运用，与教育培养孩子成长与成才是相互配合、相互促进的。而要做好家庭教育中的"礼治"，必须遵循科学的原则。

◎ 尊重原则

尊重是家教礼仪的灵魂。家教礼仪中的尊重原则，主要包括家长自尊和尊重两方面。尊重是家教礼仪的情感基础，只有父母与孩子之间彼此相互尊重，才能保持和谐愉快的亲子关系。讲究家教礼仪，就是要求家长要尊重孩子的人格，尊重孩子的意愿，这也是对家长自己的尊重。

尊重首先要求每个家长要自尊。家长有自尊心、上进心，自信和自强，才有能力培养孩子学本领和有成就。家长若没有了自尊就会怨天尤人，情绪灰暗，进而影响到孩子，使孩子产生自卑、消极、甚至绝望的情绪或自毁前程。

尊重同时还要求家长要尊重孩子。首先要尊重孩子的人格。人格是一个孩子具有的比较重要的和比较稳定的心理特征的总和，通常也指尊严、价值和品格的总称。每个孩子与家长的人格都是平等的，家长蔑视和侮辱孩子的人格是不道德的、不礼貌的。可以说一个正常的人，最为看重、最为在意的莫过于自己的人格。其次，家长要尊重孩子的爱好和习惯。在家庭教育中，不要以自己的好恶来评价孩子的兴趣爱好，更不要强求孩子按自己的爱好和习惯来生活、行事。

每个孩子性格特点不同，成长经历不同，在成长过程中形成的爱和习惯就是千差万别的，如果对孩子妄加评论，很容易伤害孩子的自尊心。渴望教子成才的家长要切记尊重孩子。

◎ 平等原则

平等是密切亲子关系的必要条件。平等是家教礼仪中一个核心原则，也是因材施教、育子成才的必要条件。在家庭生活中应当人人平等，不论长幼，人格总是平等的，多子女家庭中，家长更应当一视同仁，平等对待。

讲究家教礼仪，绝不能根据家长自己的意志，强迫孩子服从。这样做，无法使孩子保持自己的尊严和人格。对于每个孩子，家长都应当尊重他们，热情帮助他们，关心他们，切勿让自己的不当言行挫伤孩子的自尊心。在家教礼仪上，只有辈分、长幼的不同，而无人格的差别。这是密切亲子关系、培育孩子健康人格的必要条件。

◎ 道德原则

道德培育是家教礼仪的基础。道德是人的内在修养，礼仪是道德的一种外在表现形式。礼仪是被道德制约、支配的，道德是礼仪的前提。家庭教育不能抛开道德去谈礼仪，只有具有良好的道德品质，才会使孩子自然地形成高尚、优雅、文明的良好品质。

家庭教育如果不注意孩子道德品质的提高，不加强对孩子文明素质的培养，只在表面形式上下功夫，这样势必事与愿违。所以，讲究家教礼仪，家长就应当把外在的礼仪形式同内在的道德修养紧密结合起来，使二者在孩子身上得到和谐统一，有机结合，为未来成才打好素质的基础。

◎ 诚信原则

家庭教育必须讲诚信。诚信是培养孩子良好品德的基本条件。讲诚信，既是家长外在行为与内在道德的有机统一，也是家长为孩子树立示范榜样的根本体现。身为家长，在教育孩子过程中，必须要心口一致、表里一致、言行一致、前后一致，只有这样才能取得孩子的信任。如果家长口是心非、表里不一、说了不算、答应不办，那就难以取得孩子的信任，家庭教育就很难收到理想成效。所以，教育孩子一定要感情真挚，心口如一、发自内心，这样才能成为孩子信赖的知心朋友。只有建立在诚信基础之上的家庭教育，才可能培养孩子真的美德。守信守诚，就是要言必信，行必果。孔子曰："人而无信，不知其可也。"强调的就是人要守信用、重诺言。

Tips

一个守信的家长，在教育孩子中要做到言行一致、信守约定，承诺的事一定完成，这样有利于促进孩子形成诚信的品质，从而为孩子未来成才奠定良好的道德品质基础。

二 不讲礼仪，家教必然失败

家庭教育礼仪，是礼仪文化中一个重要的组成部分。家庭礼仪代表着一个家庭的教育方式和质量，体现着施教家长的教育理念和教育水平，也是衡量对女子教育能否达到要求、保证成效、实现预期理想目标的标志。一个家长能将高雅的仪表风度、完善的语言艺术、良好的个人形象，文明的气质修养与科学的施教方法结合起来，就构成了育子成才、实现成功教育的基础保证。因此，家教必讲礼仪，无礼仪则无家教。

强迫服从：观念上的不讲"礼"

我国是世界文明古国之一，富有崇德尚礼的优良传统，素有"礼仪之邦"的美称。数千年光辉灿烂的文化，培养了中华民族高尚的道德，也形成了一整套完善的礼仪。

家庭教育礼仪，主要是家长在教育孩子的过程中所具备的文明意识和行为规范。家长要以科学的方法正确而有效地教育培养孩子，首先要有礼仪观念，依"礼"施教，孩子才会乐意接受。

　　然而在不少家庭中，有些家长对孩子的教育，是以强迫命令的方式要求孩子必须绝对服从。这样教育的结果不仅有悖科学教育的原则，而且还会严重伤害孩子的人格自尊，轻则让孩子产生逆反心理，重则造成孩子的心灵扭曲，甚至会以暴抗暴，以同样的方式和所有的人对抗。这不仅严重影响了孩子的心理发展，而且对未来的一生都可能造成严重的恶果。

　　有相当一部分家长，他们为了望子成龙，望女成凤，竟不惜牺牲孩子童年的乐趣，把孩子当成可以摆弄的、没有独立人格的"宠物"，强迫孩子无条件地服从家长的命令和指挥，让孩子学家长认为应该学的东西，做家长认为应该做的事，让孩子去实现家长的愿望，成为实现家长兴趣的工具，却从不考虑这是否符合孩子的兴趣和特长，是否符合孩子的年龄，不但达不到培养目的，反而使孩子产生厌学的逆反心理。

　　压制孩子的兴趣，就等于压抑孩子的创造力，这是很不利于孩子成长的。

　　创造力是孩子成长发展中必不可少的因素，它对于孩子的学习与成长都很重要。创造力的培养，后天的教育起着决定性的作用。但父母对孩子的过度指挥和强迫服从不仅导致了孩子自主能力的缺失，更可怕的是，这种不讲"礼"、不文明的教育方式，会扼杀孩子原本具有的丰富的想象力和创造力。

　　今天，我国青少年所具有的创造力现状实在堪忧。教育部、团中央和国家科协近日对国内 31 个省市的青少年发出 12 万份的联合问卷调查表明，他们普遍缺乏创造能力，只有近 15% 的人具有初步创造力特征，这是不容乐观的事实。作为家长，一定要懂得孩子如果缺乏创造力，未来就只能是个平庸的人，在今后的社会竞争中一定是个失败者，而且人生与事业更不会有新的进步和更大的发展。

父母强迫孩子的结果，只会让孩子形成依赖、自卑和服从的心理，这些心理状态，恰恰是孩子创造力发展的障碍物，而这些不健康心理的形成与不科学的家庭教育方法直接相关，家长在教育孩子的时候，应当尽量避免。所以，讲究家教礼仪，要求家长教育培养孩子时，要根据孩子的自身条件，结合他们自己的兴趣爱好，不要强人所难。替孩子选择读兴趣班、特长班，也要掌握好分寸，劳逸结合，注意情况的变化，切不要让孩子感到压抑、单调、枯燥、乏味，产生逆反心理而厌学、逃学。

珍惜家教礼仪的最佳灌输时期

国内外的心理学家已经多次证明，培养儿童创造力的最佳年龄段是在 4 岁半至 9 岁期间。孩子从 9 岁开始则进入了创造力培养的关键期。作为家长，应该抓住这一家教的最佳时期，对孩子的创造力给予积极的开掘。可是还有不少家长并没有认识到这一点，有的甚至在家庭教育中产生不讲"礼"的错误观念，采用了非科学方法，强迫孩子做这做那，这种揠苗助长不仅压制了孩子创造意识的萌动与生发，而且严重影响了子女今后的人生之路。

过分限制：人格上的不尊重

家庭教育礼仪，一个核心原则是人格的尊重。家长在教育孩子的过程中不能限制过多，过度限制会禁锢孩子的自由成长，而且也是对孩子人格的不尊重。但是我们的一些家长在教育孩子的过程中，为了让孩子听自己的话，常常给孩子制定出各种各样的规则和纪律，去约束限制孩子。其目的虽然是让孩子少犯错误，但这种限制产生了极其有害的负面影响。

有些家长错误地以为，家庭教育的目的就是给孩子立出规矩，让孩子按大人定的规矩成长，并且形成守规矩的习惯，甚至连一些教育学者也这样认为。其实，这是极端错误的说法，也是对孩子人格的极大不尊重。科学而文明的家庭教育的目的不是限制孩子，而是充分释放孩子的潜能，这才是家庭教育最重要的课题。

还有许多家长出于对孩子的过分保护，严加控制孩子的行为，甚至剥夺了孩子的人身自由。这样做不仅抑制了孩子一些自主性的举动和想法，更为严重的是抑制了孩子的创新意识，阻碍了孩子创造能力的发展。正是这种貌似关爱的控制，酿成了孩子懦弱的性格。

从表面上看，家长对孩子的这种控制似乎使孩子抓紧了时间，其实反而浪费了孩子大量的时间。因为孩子们被剥夺了休息、娱乐与调节精神生活的基本需求，他们就会有意无意地用慢节奏来对付。作业慢、思维慢，在低效率中变相舒缓自己紧张的神经；在课堂上也漫不经心，缺乏敏感度，该会的不会，该说的不说，厌学情绪由此产生。

因此，家长在教育孩子时，一定要把自主的权利，即独立思考和行动的权利还给孩子。家长们要牢记家教礼仪中这个原则：尊重孩子的人格独立，可以呼唤出孩子内心深处的创造潜能，这是他日后有所成就的前提。家长的责任，就是最大限度地开发、保护孩子的创造精神，绝不能再过分控制成长发育中的孩子。

教育的核心是人格心灵的唤醒

德国教育家斯昔朗格说："教育的核心是人格心灵的唤醒。"教育的目的不仅是传授或接纳知识与技能，还要从人生命深处唤起沉睡的自我意识，这也是个体的创造力、生命感、价值感的觉醒。教育不仅要从外部施教，而且要开发受教者的内部潜能，这才是成功的教育。现代教育家始终把"注重学识"排在最后，他们认为，知识内容不断猛增，是传授不完的，所以最应该注重的是孩子的主体个性自由成长，唤醒他们自然状态的灵魂，陶冶他们的精神，最终使其个性潜力全面发挥出来，这才是重要的品质。这样培养出的人才不仅可以充分吸收学识，而且可以创新学识。培养自主性的前提，是建立孩子的自我感，让他们在情感上先自由自主起来。心理学家认为，缺乏自由和自主性的人，通常是那些在情感上、情绪上高度依赖别人的人。因为没有自我感，就不能为自己创造心理上的满足，所以他们只能按照父母，或其他权威者的价值观来思考和行动。

极度专制：亲子关系上的不平等

　　做父母，真的不轻松。因为，教子成才，是家长的天然使命。因为，养而不教，全是父母的过错。青春少年，正是独立人格发育的特殊时期，也是极易和父母对着干的逆反时期。在这一时期，父母是否能以家教礼仪去正确化解孩子心中的逆反心理，以家教礼仪成为青春期孩子的知心朋友，考验着父母的耐心和智慧。

　　现实生活中，有很多家长为了孩子的未来，精心制订了育子成才的庞大计划，呕心沥血，苦心管束，极度专制地要求孩子按自己设计的方向发展，把过多的期望加在孩子的身上，把孩子的自主权利强行剥夺，本以为这会让孩子健康成长，却不想这反而埋下了悲剧的种子。

　　无论父母如何望子成龙心切，也不能违背孩子的意愿，让孩子按自己设计的模式去发展，因为孩子也是人，也有自尊，有自己与父母人格平等的权利。对孩子过于专制、强迫其服从的父母，也许从没有考虑到这一点，更不会想到，这样做可能会酿成悲剧。当前，极度专制、专横武断的家教，是现代家庭中的普遍现象。不少家长在教育上严重不平等，不公平，丝毫不考虑孩子的想法，不按照孩子的实际情况武断地自我决定孩子的未来，并且往往采用简单粗暴的方式指挥命令孩子，并要求孩子绝对服从，动辄施以暴力手段。

　　在这种教育方式下的孩子，会两极发展。一种可能是性格叛逆，粗野顽劣；另一种可能是性格懦弱，自卑自轻。这两种都是心理学上所说的严重的性格缺陷。

把父母的意志强加于孩子，并按父母的意愿为孩子规定和限制该做该说的事和不该做不该说的事，完全忽视孩子个性发展的要求，完全忽视孩子的独立人格，完全剥夺孩子的自由发展空间，照此下去，孩子与父母的矛盾肯定会激化，并给孩子的健康成长造成极大的障碍。对孩子采取简单粗暴的专制管教形式，事事都要过问和干涉，从吃喝拉撒睡到学习、交往等生活的各个方面，这样不平等的、过分的管教恰恰害了孩子。

或许有的父母认为：孩子太小，经验不足，很多事情不能独立处理，为他们计划安排好是父母应尽的本分。这些家长恰恰违背了家教礼仪的一条重要原则，就是平等。讲究平等的父母，会用爱心和温情去正确引导教育孩子，会用协商、讨论的方式听取孩子的意见，会用恰当的方式耐心地去启发孩子认识事物，提高和培养孩子的自强自立能力。而这都需要家长通过教育礼仪的方式去解决。试想一个未成年的小孩，长年累月地生活在专制无"礼"不平等的家庭环境中，怎么能不产生逆反心理呢？

极度专制，总是强迫孩子服从的家长，往往会把一个本来活泼健康的孩子变成一个懦弱的人，一个虚伪的人，一个心灵严重扭曲的不正常人。家长有望子成龙、望女成凤之愿固然可佳，但是一定要用正确的家教礼仪教育孩子。

棍棒教育：教育方式上的不文明

家庭教育礼仪告诉家长：严格家教是没有错的，但在教育方式方法上要讲文明，要讲礼仪。简单粗暴，以打骂代替管教往往适得其反。缺少耐心，棍棒教育，高压制服，其结果只能是导致家庭矛盾和冲突的爆发，甚至是家庭悲剧的发生。

在一些家长眼中，不听话、不服从父母管教就不是个有出息的好孩子。家长对孩子拥有无上的权威，孩子必须无条件地服从家长这种权威。对付孩子的反抗，父母最惯用的方式就是强权压制，斥责甚至打骂。特别是当孩子犯了错误时，有些家长往往采用简单的方式、粗暴的方法，以打骂来管教孩子，他们以为这种方式天经地义，对孩子的成长很有效，但效果真如家长所想的那样吗？

当孩子的精神长期受到高压束缚时，心理能量缺乏宣泄的场合和机会，很容易情绪不佳，多愁善感，经常处于郁郁寡欢的状态。这类孩子往往也缺少人际交往，从而滋生一种以自我为中心、孤芳自赏的心态。这种情况下，一旦他们偶尔做出不负责任的行为，就会感到一种前所未有的宣泄，从而有意识地寻求这种刺激，不负责任的行为很容易成为习惯，形成反社会的人格。生活中有很多这样的教训，根源就出在父母身上。

父母是爱孩子的，可有很多父母以为打是亲、骂是爱，岂不知，当父母在打骂孩子的时候，通常是把爱变成了恨。孩子成绩差、孩子不好好学习、孩子不听话、孩子做错了事，诸如此类，父母无法忍受，失望、伤心、愤怒一齐涌上来，父母无法控制自己的情绪，在"气头上"骂了孩子，动手打了孩子。在生气的时候，"恨不得把孩子一棍子打死"，"真后悔把孩子生下来"。打完以后，自己气消了，又为挨了打的孩子心疼不已。这样的父母，生活中真的不少。家教礼仪认为，教育孩子方法上的简单粗暴，是家长人格修养不成熟、不完善的表现，也是不文明的表现。谁都不会喜欢专制的粗暴的父母，子女对这样的父母是极为反感的，尽管高压之下孩子表面上可能表现得"唯命是从"，但大量事实表明：简单粗暴行为在教育孩子中，历来吃的都是恶果。家长用这种性格、方式去解决问题，往往把好事弄成坏事。例如脾气倔强的孩子，宁肯叫粗暴的父母打死，也一声不吭，不愿屈服于家长的威严。而这种性格很可能进一步激化素质低劣、性格暴躁的父母的火气，随之而来的是更狠的毒打。不少父母事后也后悔莫及，但由于未下大决心克服这种毛病，后悔归后悔，再遇事依然故我，旧病复发。弄得孩子见父母如同老鼠见猫，把很有成功潜质的性格都吓没了，何谈成就未来人生？

Tips

　　有见识有修养的家长应该明白，粗暴的态度，压制的办法，这种行为比孩子的错误性质要严重得多，也令人痛心得多。家庭教育主要是通过不同的形式和内容，启迪和教育孩子的上进心，让孩子自然健康地发展。粗暴地强迫孩子如何如何，效果从来不好。

孔子曾说："鞭扑之子，不从父之教。"意思是被鞭子打过的孩子，不会听从父母的教导。"棍棒之下未必出孝子"，专横教子只能招致孩子反感，让家长的初衷、美好的愿望灰飞烟灭。

所以，奉劝那些对待子女态度粗暴的父母，为了你的孩子的健康成长，请你痛下决心，改掉自己动辄发火、事事干预的脾气，真诚地尊重孩子；切莫总是高高在上，唯我独尊。孩子也有自己的思想和行为方式，在他自己的事情上有说话和做决定的权利。当然这并非意味着可以凡事不听家长的意见，而是说家长应该根据实际情况考虑孩子的想法，合理的就赞同，不合理的应耐心指导改进，并以理说服孩子，做孩子成长路上的知心朋友。

心灵教育胜过棍棒教育

虽然人类今天已进入到高科技时代的 21 世纪，但一些家长的观念仍受到封建传统的羁绊。"棍棒底下出孝子"的说法已深深地根植在许多家长的潜意识中。

因此，家长认为打孩子既简单易行，又立竿见影地看到孩子的变化，同时宣泄了自己的情绪，显示出长辈的威严。殊不知，这种简单粗暴的教育方法既显示自己的无能，也是典型的拔苗助长，它的直接后果是摧毁孩子的自信。剖析家长打孩子的普遍心理，用三个字形容：恨、疼、悔。

第一个字"恨"。爱得越深，恨得越烈。看到孩子不争气，心急如焚。一位父亲曾经告诉我，有时看到儿子吊儿郎当的样子，真恨不得一拳把他打死算了，一了百了。可见恨之毒。

第二个字"疼"。打在孩子身上，疼在家长心上。正如一位家长所说，孩子脸上流泪，我的心里流血。有的家长想出两全其美的方法，孩子考砸了，不打孩子打自己，当着孩子的面把自己脸抽肿了，心想既没有伤害孩子的有形生命，又让孩子接受教训。岂知，这更易刺伤孩子的心灵，孩子产生了负疚感，背上自责的沉重包袱！

第三个字"悔"。孩子含着眼泪睡着了，父母愁眉相对，彻夜难眠。这样的三部曲每天都在中国无数的家庭中上演。"打骂"是横在两代人之间的一堵墙，它拉开了骨肉距离，使彼此之间形成了心灵上的堡垒。家长的心灵在流血，那么挨打的孩子在想什么呢？

上学前，每个孩子都想做让父母感到自豪的孩子，学习成绩名列前茅。可是，当考试考砸了，成绩名落孙山时，面对老师的责备、同学的嘲笑，唯一的希望是得到父母的宽容，从而找到自尊和自信。可万万没想到，等待他们的是父母的训斥和暴打，孩子在哭声中误以为美好世界破灭了。

这时孩子肉体痛，心更痛。随着不断地挨打，孩子眼里露出愤怒的目光，开始产生了逆反的抗拒心理。

时代需要心灵和谐、舒展的接班人，而不是毫无主见、唯唯诺诺的人。

在棍棒教育和无休止的打骂中，作为家长，究竟想把孩子推到人生的哪条路上呢？

CHAPTER

2

HUZUN
HUAI,
ZUO
HAIZI
DE
ZHIXIN
PENGYOU

第二章

互尊互爱，
做孩子的知心朋友

家庭教育，父母最容易走入的误区就是端着家长的架子，居高临下地训导孩子，不去考虑孩子的感受与心理需求。这种方式的家教结果往往背离父母的初衷。现代家教，从来都是把尊重孩子的人格放在第一位。家教礼仪正是根据这一总原则、总要求，强调父母与孩子的平等性，要求父母与孩子相互尊重、相互信任。作为父母，首先要放下架子，学会既要用爱心去感化孩子的心灵，又要给孩子应有的尊重，让孩子在自尊中明白道理，在自信中走向成熟。这是每个希望孩子健康成长的家长，都应自觉遵守的家教礼仪规范。

一 做孩子的朋友，不摆家长的架子

尊重孩子，应放下家长的架子

父母和孩子做朋友，基础是尊重孩子、信任孩子。有缺点的孩子在成长进步中，更需要父母做自己最值得信赖和帮助的大朋友。现代家教中，父母们只有先学会做孩子的朋友，才能当好称职的父母。

曾有一位学生的母亲在教育孩子的问题上谈道：

在培养孩子成长的过程中，我作为一名母亲，深深地体会到父母的一言一行对孩子有很大的潜移默化的作用。

我们从孩子小的时候就帮他分析事物、明辨是非，鼓励他对家庭的任何事情谈出自己的看法，并将与他的谈话录下来。对于他想要的玩具、希望参加的活动，通过家庭会议的形式，进行必要的讨论。而且孩子也可以指出我们父母平时哪里做得不足，哪里伤害到他。这样开诚布公地沟通着彼此的想法，形成了和谐民主的家庭气氛，孩子也生活得无忧无虑。

　　这充分说明，和孩子交心，父母首先应放下家长的架子，然后让他知道，孩子的喜怒哀乐，也就是父母的喜怒哀乐，这一点在亲子沟通中是不容忽视的。作为父母，在教育过程中要尊重孩子。孩子在家庭中扮演的虽然是子女的角色，但与父母一样有同等的价值和尊严，应该受到尊重。家长要尊重孩子的权利和隐私。比如不偷看孩子的日记和邮件，不像对敌人一样监听孩子和伙伴谈话，不当着众人的面斥责孩子，不对他们的小秘密追根问底，特别是以命令的方式强逼孩子说出来，否则容易激发他们的逆反心理。

Tips

　　家庭成员之间应该是真正的平等的关系，每个人之间不因年龄的大小、辈分的高低，而在权利上有所不同。孩子在家庭中也有发表意见的权利。

孩子也有自尊，要尊重孩子的人格

　　伤害孩子的自尊心是教导孩子的大忌。

　　每个人都有被别人尊重的需求。不要以为孩子年龄小就不需要被尊重，实际上，每个孩子都有很强的自尊心，都需要维护自己的尊严。

　　有一个问题很多父母都不明白："为什么孩子总是和比自己差

的孩子比呢？"许多父母认为是孩子没有出息，没有自尊心。其实，孩子和比自己差的孩子比，恰恰就是为了维护自己的尊严、体现人的自尊。

如果孩子感觉到你尊重他，他就爱听你的；如果感觉到你不尊重他，他就很反感，当然就对你的话听不进去了。

有一位已退休的老师说："我当老师的时候，很少在课堂上批评学生，当遇到学生违反课堂纪律时，我就用眼神暗示他。他改了更好；不改，我也不会立即批评他，让他在同学面前难堪，而是下课后找他谈话。指出问题之后我会说：'老师知道你自己可以改正，你不会辜负老师的期望吧？'下次只要我看他一眼，他立刻就明白是什么意思，一般都会马上改正错误的。我尊重他们，他们也尊重我，我的课堂纪律一直很好，学生很少故意给我找麻烦。"

人与人之间的礼貌和尊重很重要。许多父母认为孩子年龄小，不懂事，往往凭个人意愿对待孩子。孩子有了过失，做父母的不管场合，轻则斥责，重则打骂。他们不知道孩子正处在自我观念的可塑阶段，在这个阶段，父母的评价对孩子发展相当重要。要是做父母的经常说他是傻瓜，他就会慢慢相信自己是傻瓜。时间一久，孩子的自信心、积极性就会受到打击，为避免被人嘲笑，他将不再主动做事，不愿参加任何竞争和比赛，他只想消极处世来求自保。

Tips

> 许多经验告诉父母，只有尊重孩子，维护孩子的自尊，孩子才愿意与父母沟通，在沟通中愿意听父母的话，愿意努力上进，从而成长为有用之才。因此，在生活当中应时时刻刻把孩子当作一个独立的个体，尊重孩子的人格，认真对待孩子，用心去感受孩子。

平等是与孩子进行心灵沟通的前提。只有对孩子一视同仁才能被孩子接受；只有公平对待孩子，才会被孩子认可。只有被孩子接受和认可，沟通才能顺利进行。

下面是一位母亲的教子心得。

有一次，我带儿子去商场，让儿子先陪着自己转转服装店，然后再带儿子去看看书。这次儿子有些不耐烦了，对我说："妈妈，我觉得您有好多衣服，您为什么总是买个没完，有钱买点书多好啊！"听了孩子发自内心的话，我说："儿子，你说得对，以后，妈妈一定注意。"

还有一次，儿子在书店看书，我觉得儿子已经长大了，应该有意识地锻炼他了，于是趁他不注意悄悄地离开了书店。过了一会儿，他从书店出来了，找到了我，儿子显得很镇定，丝毫没有着急害怕的表情，我连忙鼓励他："你看，你不是很有能力吗？"儿子不好意思地笑了。

从上述母亲与孩子相处的经历中可以看出，只要与孩子平等地交流，亲子之间就能够做到心灵沟通，父母才得以对孩子进行春风化雨般的教导，使孩子如沐春风般地健康成长。

"蹲下身子"，与孩子平等相处

幼儿教育专家曾向父母强调，在孩子幼小时，父母要"蹲下身子"与孩子说话，与孩子处在一个水平上，并用双手握住孩子的小手，用亲切的目光对视着，和颜悦色，以商量的口气与孩子说话。

蹲下身子，和孩子平视，是尊重孩子的表现，其实，不仅对待幼儿要"蹲下身子"，对待较大的孩子，也要借鉴这种"蹲下身子"的做法，在与孩子相处的过程中，以平等的身份对待孩子，与孩子建立相互信任的感情，做孩子的知心朋友。在我们周围，很多孩子往往喜欢与家庭以外的成人交往，因为那些成人对待他们很像同辈，可是在家庭中往往就感受不到这种气氛。

只有当父母不再居高临下，与孩子完全处于平等的时候，孩子

很多事实表明，父母以居高临下的姿态与孩子交流，不但收不到好的效果，还会使孩子产生逆反心理。父母只有转变姿态，像对待自己的朋友那样去对待孩子，才能让孩子感受到平等。

才会把他真实的想法告诉父母，这就是孩子为什么喜欢把心里话对自己的朋友说，却不愿意对自己父母说的原因。"蹲下来"，这一步十分关键，因为无论孩子的想法是对还是错、有无道理，父母只有在了解了孩子的真实想法后，才有可能有的放矢地与孩子交流。

假如父母能在自己的家中创造一种平等、民主的氛围，这就是孩子的幸运。在这样的家庭氛围里，孩子会感觉到父母是自己的好朋友，而不是高高在上的权威。

平等地与孩子交流，是增强孩子独立意识的有效方式。平等地与孩子交流，是一种现代教育观的体现。只有怀着崇高的责任心和热切的期望才能"弯下腰"；只有把孩子看作是平等的个体才能"弯下腰"。

父母只有平等地与孩子交流，才能获得与孩子真正交流的机会，才能真正明白孩子的想法以及他们行为的真正动机。

把孩子视作自己的朋友

作为家长应当努力创造民主、和谐、友好的家庭环境，和孩子做朋友，而不是在孩子面前处处摆家长的架子。为此，就应该了解孩子、理解孩子。

◎ 用孩子的眼光看世界

在现实生活中，如果一个人有心事，无论是喜与忧，希望找人分享或分担时，第一个想到的，往往不是他的父母，而是最了解他的朋友。因此，父母在孩子一出生时，便要培养他成为与自己无所不谈、最要好的朋友。

真正的朋友是无年龄、无性别、无职位、无地位之分的。因此，和孩子交朋友，大人必须俯下身子用孩子的眼光看这个世界。否则，若是孩子对父母怀有惧怕的心理，甚至存有戒心，那么他只能敬而远之，是不可能向父母袒露胸怀的。

◎ 和孩子坦诚交心

父母在孩子面前，不必刻意呈现最好的一面。因为每个人都有他的优点和缺点，父母自然也不例外。

当孩子遇到烦恼、失败与挫折向父母倾诉时，父母不妨利用这个机会，坦诚地将自己的烦恼、失败和挫折经历向孩子倾诉出来。

有一个孩子读书不用功，妈妈无论责备或鼓励，都是徒劳，孩子总是将妈妈的话当作耳边风，每天放学回家，不是躺在床上睡觉，便是看电视。

一天，妈妈又是苦口婆心地劝孩子专心做功课，孩子仍然是一边做，一边东张西望。妈妈看见孩子爱理不理的态度，愈劝愈气愤，愈想愈伤心，不禁掉下眼泪，无奈地对孩子说："是妈妈不好，妈妈没有用，妈妈以后不会再向你唠唠叨叨的了。"然后默默地返回自己的房间。

孩子听到妈妈这番发自内心的话语后，有点内疚不安，走到妈妈的房间，摇着妈妈的手说："妈妈不要再哭了，我知道错了，我以后会很用功地读书，不会再令妈妈伤心了。"

可见，用这种真挚的态度教诲孩子，比恶言恶语或责骂来得更有效。

父母可以将自己的阅历与经验，灌输到孩子的思想中去。孩子会从父母一点一滴的经历中，领悟到许多做人处事应有的态度，不会因为父母的过失而小看父母。

孩子感到喜悦时，父母在祝贺与鼓励的基础上，还要暗示孩子"胜不骄"的道理；孩子遇到困难或失败时，父母要安慰、同情与肯定他，帮助他走出困境。

向孩子敞开自己的内心世界

中国的父母一般很少向孩子透露自己的内心世界，只习惯于做道貌岸然的训导，但反过来却要求孩子向自己敞开内心世界。这种不平等的要求，当然不可能取得好的效果。

父母向孩子敞露内心，表现了对孩子的尊重与信赖，加强了与孩子的情感联系，有利于亲子间融洽地沟通，这种交流在孩子逐步成熟时尤为重要。十几岁是孩子的黄金年华，但也是多事之秋，父母与孩子在感情上有这样的密切联系，就容易沟通，从而有效地避免少年期容易遇到的问题，使孩子顺利成长，而父母与孩子间的这种密切关系是需要长期、有意识培养的。当孩子们开始发问："爸爸（妈妈）为什么不高兴呀？是不是工作上有了麻烦"的时候，做父母的就该认真考虑一下是否该与孩子认真谈一谈。那么谈多少，怎么谈？如果我们一语搪塞说："没有什么，很好。"或："不关你的事，去玩你的吧。"我们就很随便地将孩子对父母的关心推开，等于将一颗关怀他人的心挡在门外，孩子得到的信息便是父母不让孩子有爱心和责任心，日后我们也就没有理由抱怨我们的孩子不关心父母。

父母和孩子们总结自己的成功与失败，表述自己的计划与展望，这本身就是对孩子最生动的人生教育，反过来也是对父母自身的鼓励。生活中人人有坎坷，有些人终身不得志，同孩子一起回顾分析自己的经历，承认自己以往的失败，回顾自己的终身憾事，对做父母的来说不是一件容易的事情，可能会担心孩子看不起自己。事实上，这样做有许多益处，将自己实践积累的经验教训传授给孩子，这是送给他们最珍贵的礼物。

> **Tips**
>
> 父母应顺应当今时代的发展，真正同孩子建立一种平等、尊重的朋友关系，相互敞开心扉，有效地进行沟通、交流。

二　用爱心去感化孩子的心灵

心理学家一致认为，孩子一切生活的基础和未来的认识及行为几乎全部归结于早期教育，而早期教育的爱是孩子的人格、心智、道德等各方面发展最重要的基础。因此爱的问题是孩子各方面成长的一个背景。好比植物有土壤一样，爱就是孩子成长的土壤。

爱是孩子成长的土壤

意大利蒙台梭利幼儿园有个口号叫：爱和自由，美和理想。这个口号是人们对蒙台梭利教育法实施以来探索出的哲理。

每个人都渴望被人关爱，渴望被人信任，孩子更是如此。他们渴望生活在一个温暖、幸福的家庭里，渴望着拥有理解他们、信任他们、爱护他们、关注他们的父母。爱是对孩子正常的教育方式，是孩子形成良好性格的发展基础。父母的爱，可以成功地塑造孩子善良、忠诚、责任感等品质，为孩子适应未来社会奠定良好的基础。所以，亲子沟通时，父母应多用些爱的言语、爱的行动去感化孩子。当孩子做了错事，父母在讲明是非、纠正其错误后要以适当的方式表示对孩子的爱，让孩子感到父母仍然是爱他的。孩子为继续得到这种爱，更愿意做一个好孩子，这样就会唤起其内心积极的欲望，更有利于对孩子的引导和帮助。

　　谭辰是个很调皮的男孩，令人头痛的事他干了很多，父母拿他完全没有办法。

　　一天，谭辰出去郊游，玩的时候脚被石头划破了，到医院包扎后，几个同学送他回家。

　　在家附近的巷口，谭辰碰见了爸爸。于是他一边跷起扎了绷带的脚给爸爸看，一边哭丧着脸诉苦，满以为会收获一点怜爱。不料爸爸并没有安慰他，只是简单地交代了几句便自己走了。谭辰很伤心，很委屈，也很生气，他觉得爸爸一点也不关心他。在他大发牢骚时，有个同学笑着劝道："别生气，大部分老爸都这样，其实他很疼你，只是不善于表达罢了。不信等会儿你自己看，你爸爸走到前面拐弯的地方，他一定会回头看你。"谭辰半信半疑，其他同学也很感兴趣。于是他们不约而同地停下了脚步，站在那儿注视着谭辰爸爸远去的背影。

　　爸爸依然笃定地一步一步向前走去，好像没有什么东西会让他回头，可是当他走到拐弯处，就在他侧身拐弯的刹那，好像不经意似的悄悄回过头来，很快地瞟了谭辰一眼，然后才走了。虽然这一切都只发生在一瞬间，但却打动了在场的所有人，谭辰的眼睛里闪着泪花。

（事例改编自《好老师 好校长 好家长》周华明著）

谭辰的父亲在拐弯处那看似不经意的回眸，真是道尽了父爱的意义。孩子是天使，他们有颗敏感的心。父母对孩子的关爱，孩子通过父母的一个眼神就能感受到。如果父母用些爱的言语去安慰并鼓励孩子，他们就会意识到自己在父母心中是多么重要，进而积极主动地努力走好自己的人生，尽可能不让父母失望。

Tips

　　缺少爱的孩子，脸上就会缺少光泽和活力，内心也缺少温暖。他绝对不会主动去爱别人，对身边发生的一切事情也缺少热情和激情，更没有理想以及为之努力的动力。所以父母平时应该经常表达出对孩子的爱意。

把伟大的母爱给予孩子

美国心理学家弗洛姆说过："母爱使孩子感到，降临人间是美好的；母爱在孩子身上逐渐灌输了对生命的热爱，而不仅仅希望活着就是了。"他还说，"由于母爱具有利人、无私的特点，因此一直被视为最高尚的爱、最神圣的情感。然而，母爱的真正实现似乎并不在于母亲对初生婴儿的爱，而是在于以后成长中对孩子的爱。"

印度的甘地夫人也说："孩子们需要母亲的爱抚，犹如幼苗需要阳光和雨露一样。对一个母亲来说，她应该把孩子放在首位。因为孩子们对母亲有着非常特殊的依赖。对我来说，重要的是如何处理好我所负责的公职和我对家庭、孩子应尽的义务这两者之间的关系。"作为母亲，应该把孩子放在第一位。孩子的成长只有一次，不要忽视孩子的情感需求，让孩子的情感出现障碍，从而造成亲子关系的隔阂，将留下永远的遗憾。

因此，做母亲的一定要注意：如果孩子体验不到母爱，那么就会对母亲产生一种冷漠感，甚至仇恨的心理。著名教育学家斯特娜夫人说过："理想的母亲应该永远镇定，永远和善，永远富有爱心地对待孩子，永远知道管教孩子的恰当方法，永远愿意花时间陪孩子共同成长，永远对孩子抱着必胜的信念，永远愿意与孩子一道讨论问题。"

Tips

　　任何年龄的孩子都需要爱，特别是妈妈的爱，当孩子睡觉前，妈妈可以为孩子弄好被枕，让他躺得舒舒服服，微笑着向孩子道一声晚安，让他带着愉快的心情进入梦乡。从这些小动作中，孩子便能感受到母亲的爱与关怀了。

当然，每一位母亲都是爱自己的孩子的，但是，许多母亲给孩子的却是溺爱，替孩子做任何事情，满足孩子的任何需求，这种爱其实并不能促进亲子关系，孩子反而会看不起母亲，事事要求母亲做，处处呵斥母亲怠慢了他。到那时，母亲们可要后悔了。正如一位教育家曾经告诫过我们："母亲的心总是慈的，但是慈心要用得好；如果用得不好的话，那结果就适得其反。"

把深沉的父爱给予孩子

著名音乐家贝多芬说过这样一句话："我不知道有什么比教养一个孩子成人更神圣的职责。"中国古语更有云："养不教，父之过。"作为孩子的父亲，不管你有多忙，事业有多重要，孩子同样是你生活中最重要的，不可因为工作原因而冷落了孩子，让孩子体验不到父爱。

斯特娜夫人曾经在她的作品《斯特娜的自然教育》中举过一个关于她的同事温斯特博士的例子：

　　小时候，温斯特家里非常富裕，父亲是外交官，为母亲和她提供了良好的生活条件。但是，父亲很少在家，温斯特很少看见父亲，以至于她觉得父亲非常陌生。每次在父亲回家的短暂时间里，她会与父亲熟悉起来，但是，很快就又分离了，而且一别就是很长时间。

　　有一次，父亲回家，母亲让温斯特和父亲谈话，她却对母亲说："你和他聊吧，我和爸爸没有什么话说。"

　　温斯特向斯特娜倾诉说："尽管那时候母亲经常会解释父亲为什么不在家，而且我们之所以享受现在的生活，多亏父亲的辛苦，但这些对我来说都太抽象了。因为作为一个孩子，我当时需要更直接的体验来体会父亲对我的爱；

　　我需要父亲能够牵着我的手，回答我提出的许多问题，需
要趴在父亲的肩头看着背后倒退的树林与房屋，我也需要
父亲同我一起游戏，让我在大胆的玩闹中放声大笑。"

　　在与孩子一起成长的过程中，父亲这一角色最重要的是与孩子
交流情感，让孩子体验到父亲的关爱。同时，父亲要通过恰当的方
式把自己的爱意表现出来。比如，给孩子购买图书、辅导孩子学习、
给孩子讲故事，等等。不管父亲怎么忙，都可以以不同的方式与孩
子进行交流，与孩子一起成长。比如，父亲可以把自己最想说的话
录下来，随时播放给孩子听；走到哪里，父亲都可以给孩子打个电话，
让孩子知道父亲时时在关心他；等等。

04

对孩子的爱要讲究原则

　　心理学家弗洛姆在经过长期研究以后，将爱的表现形态归结为
三个方面：关心、理解和责任。这个结论现在已普遍为心理学界所
接受和认可。这几个方面在我国的家庭教育中，该怎样认识呢？

◎ 爱是关心

　　年幼的孩子，遇到的困难特别多，饮食起居、学习、身体都需

要父母的照料。父母，不但要关心孩子的物质需要，也要关心孩子的精神需要。但关心不是包办替代，不是越俎代庖，不是放任，不是溺爱，不是过度保护、过度干涉，不然，爱就会走向反面。

◎ 爱是理解

理解就是对孩子深入地了解，父母能站在孩子的立场上想问题，分析问题。只有真正理解了孩子的困难、愿望和要求，爱才能落到实处。

上四年级的张小丽，放学回家就向妈妈抱怨："老师太狠心了，这么多作业，真不想做了。"

妈妈走过去温和地问："都有哪些作业？"

"你看，数学计算题 15 道，应用题 5 道，还有语文课文背诵、问答题、小作文。"女儿一脸委屈。

"是太多了，考试前这些天够辛苦的。是否一定都要做？"妈妈示以同情的口吻。

"那倒不是，有几题，老师说来不及可不做。"张小丽怨气减了五分。

"那就先休息 10 分钟再做吧，反正不一定全做。"妈妈继续教女儿放松。

"那怎么可以呢，不做的那几题也可能考到呢。"女儿反而责任心起，边说边摊开书本、作业本，在温馨的氛围中认真地做起作业来。

其实不难看出，张小丽并不是不想做作业，而只是想求得父母的理解。"真不想做"，是她负向情绪的一种语言宣泄，并非她真的"不想做"。这位善解人意、了解孩子心理的妈妈顺水推舟，很快化解了女儿的烦恼。

◎ 爱是责任

责任是更高层次的爱，对孩子要有一种完全、主动负责的精神。这种爱，渗透在生活的各个方面，无论孩子是俊还是丑，智商是高还是低，表现是好还是差，身体是健全还是残疾，我们都要爱他，都要对他负责。

杭州有一位女孩叫杨洋，她是我国第一位通过平等竞争进入普通高校深造的聋人大学生。她之所以能冲破障碍、超越自我获得成功，就是因为有非常爱她的父母。

杨洋是4岁时服用毒性药物致聋的，聋哑人是因为聋才哑的。可她父母不认命：不能让女儿聋了又变哑。为了让女儿上普通学校读书，父母决定用汉语拼音教女儿说话。于是当工人的父亲每天下班回家，就教女儿"ā、ō、ē"，可对声音毫无感觉的女儿，几百次发音却是几百种奇怪的声音，父亲总是耐心地边教边听，偶尔逮住一个较准的音，就让女儿再发，可又是几百次千奇百怪的声音，父亲仍然耐心地教、耐心地听……年幼的女儿不耐烦了，父亲就拉着她的小手与她做游戏，表演有趣的故事。就这样，父亲教会了女儿一年级的语文、数学。好不容易进了普通学校，为了这来之不易的学习机会，父母竭尽了全力：腾出了最大的一间房，买来了孩子爱看的课外书，爱玩的扑克、象棋，准备了小零食、开水……以吸引女儿的同学放学后来学习和活动。这样可通过他们了解教学内容和进度以及老师的要求，从而有效地帮助女儿的学习和生活。

在父母爱的阳光雨露下，奇迹出现了，杨洋不但上了省重点中学，而且以优秀的成绩考上了大学本科，成绩还保持在前三名！她通过竞选当上了系里的团委组织部副部长，在大学入了党。现在杨洋已参加了工作，能用语言与人交流，真正融入了社会。

由此看来，真正的爱是负起责任。父母对孩子真正的爱，应是为孩子提供健康成长需要的爱。这种爱应是稳定的，像太阳一样永恒；是及时的，要求父母细心、敏感，当孩子需要时，马上给予；是行动的，不仅仅是口头上的，更是用实际行动去体现。这样，孩子才会感受到父母真正的爱、可靠的爱。

> **Tips**
>
> 父母要毫无条件地爱孩子。孩子接受爱，只有被无条件爱着，孩子才有足够的自信去开创自己的前程。如果父母要求孩子先顺从才给予爱，把爱看作是有条件的，这样会使孩子对自己的存在价值失去信心，对他将来长大后的心理有着很大的不良影响。

要让孩子明白你对他的爱

中国的父母大都扮演一种严父慈母的形象，不轻易对孩子表达自己的感情，喜欢把爱埋在心里，比较含蓄。但是如果父母不说出来，又怎么能让孩子理解和体会到爱呢？别把爱只埋在心里，应该把它放在嘴上，告诉孩子，你爱他。

一位父亲曾有过这样的亲身经历：

一天，当他回到家时，和往常一样，他拿起报纸。12岁的儿子突然对他说："爸爸，我爱你！"

在随后漫长的几秒钟内，他只能站在那里，不知道怎样回答，是点点头，还是语气和善地嗯一声呢？他竟然有些迟钝得不知所措。最后他问儿子："你想说什么？有什么事吗？"

儿子笑起来，向屋外跑去。他把儿子叫回来，问儿子怎么回事。儿子笑着说，这是他们老师要求他们回家做的一个实验，让他明天去问问老师就知道怎么回事了。

第二天，这位父亲真的去问孩子的老师。她告诉他，她只是想通过这个实验了解一下父母在对孩子情感表达方面的一些情况，而大多数的父亲和他的反应一样。

后来这位老师还告诉他，她的父亲一辈子也没有对她说过这句话——我爱你。

这位父亲忽然发现，他们这些在生活中打拼的人，太少花精力去发现自己的感情，表达自己的感情了。他明白了，孩子不仅需要桌上的食物和衣柜里的衣服，还需要父母对他说一声爱啊！

就在那天晚上，当他走进孩子的房间，准备向儿子说晚安时，他用一种深沉的声音对儿子说："喂，亲爱的，我也爱你！"

孩子脸上出现的惊讶和感动的表情让他心里一酸。他暗自想，早知道如此，他会天天这样对儿子说的。

可见，爱，真的需要说出来。只有让孩子知道父母的爱，才能唤起孩子对父母的爱，情感的沟通才能真正实现。

父母本身必须要充满爱心，才能把爱扩散开去。事实上，向孩子表达爱意并不像想象得那么难，只要父母在日常生活中多注意就行了。比如，拍拍孩子的肩膀，摸摸孩子的脸蛋，微笑地看孩子，当孩子做了一件好事时说一句："你真是一个善良的好孩子。"甚至，父母可以给孩子写信来表达对他的爱。随时向孩子传递父母的爱，让孩子感受爱的温暖。

父母对孩子的首要任务是给他爱，并全心全意、毫无保留地表达出来，让孩子明白父母是爱他的，父母做的一切都是基于对他的爱。他也就能设身处地为父母着想了。

Tips

　　有爱才有顺从，父母给孩子真心诚意的爱，他才会喜欢你、爱你，为了继续得到父母的爱，他会按照你喜欢他做的事而行，父母日后和孩子沟通也就容易得多了。

父母给予孩子的爱要让孩子感觉到，这是很重要的，因为孩子要面对全然陌生的环境，会感到无助，如果周围的事物都可以令他信赖时，他便能放松地集中精力成长了。其实，在日常生活中，向孩子传送爱的方式俯拾即是，例如一个温柔的拥抱、一个柔和的眼神、一脸慈祥的微笑、一句适时的称赞、一句信任的话语或是一个问候的电话，都可以让孩子感受到父母对他的爱。

要给予孩子理性的爱

爱是孩子健康成长的土壤，爱是孩子的人格、心智、道德等各方面健康发展的最重要的基石。爱会使浮躁变得沉稳，爱会使随意变得理性。把世界上最伟大的、最深沉的爱给孩子，同时，让孩子明白理解我们对他发自内心的爱，从而用爱去感化孩子稚嫩的心灵。

可见，父母对孩子的关心和爱，是这个世界上最美好、最持久的情感。

物质上的关心，并非越多越好，钟鸣鼎食之家出来的孩子，未必能够经受得住这个世界上的风风雨雨。不少父母存在这样的看法：我们爱我们的孩子，不管怎么爱都是对的；在爱的前提下，不管怎么做都是对的。

其实不然。爱有理性的爱和非理性的爱。理性的爱是独立的人与独立的人之间的情感，也只有这样的情感才是最宝贵的。独立意味着每一个人都有自己的物质的和心理的空间，不容侵犯；每个人都有权利决定自己的事情，并相应地对自己的决定负责；等等。

非理性的爱是受生物性本能驱动的，其中混有被弗洛伊德称之为"死亡本能"的力量，可能对爱的对象造成很深的情感伤害。在非理性的爱中，父母"以爱伤人"，孩子"因爱受伤"。既然有伤害，就必然造成仇恨。

Tips

　　很多青春期的孩子都厌恶甚至仇恨自己的父母。这并非是因为他们的父母对他们不好；恰恰相反，是因为对他们"太好"。父母给孩子过多的爱也会影响孩子的成长。

　　仇恨有时会变成眼泪甚至鲜血和生命，报纸杂志上登载的那些发生在亲人之间的惨剧，经常是从所谓的"爱"开始的。

　　父母对孩子的非理性的爱经常是与孩子内心最强大的力量——成长的力量为敌。具体表现是：代替孩子做本应该由孩子自己做的某些事，使孩子缺少了锻炼独立生活能力的机会；对孩子期望过高，用孩子的所谓前途来打压孩子；与孩子在空间上和心理上距离过近；表面上对孩子关心得无微不至，实际上是想通过关心来控制孩子；等等。

　　过度关注孩子，可以说是父母缓解自己内心焦虑的一种方式。但孩子成长的力量是非常大的，成长的速度也是非常迅速的。父母对孩子的成长的估计往往会落后于孩子的实际状况，成长意味着独立，意味着与父母在心理上的分离。由于父母已经习惯于对孩子方方面面无微不至的照顾，这已经成了他们的生活方式和精神支柱，所以孩子的任何想自己独立处事的愿望都会在父母的心灵深处引起强烈的失望和焦虑。为对抗这些失望和焦虑，他们会以他们自己可能都难以察觉的方式，加强对孩子在很多方面的关注和控制。例如偷看孩子的日记，从中获得孩子的"绝密情报"，然后根据这些蛛丝马迹试图实现"控制"孩子。这样的做法是非理性的，必然适得其反。

溺爱会使孩子被"淹"死

我国早教专家冯德全指出：亲子关系有三种不同的爱。

第一种是"教育爱"。这种爱体现在父母有育儿成才的理想、目标和信念；讲究爱子态度、原则和方法；在满足孩子必要的物质生活的同时，特别注意丰富孩子精神生活和情趣；和孩子建立起民主的、相互关心的"双向爱"。

第二种是"血缘爱"。与教育爱相反，不讲究爱的态度、原则和方法；主要设法满足孩子物质生活的需求和欲望；是一种"水往下流"的单向爱。这种爱虽不失父母高尚的牺牲精神，但它毕竟是朴素的、低级的、有待升华的爱。

第三种是"溺爱"。这种爱不讲任何原则，一味满足孩子的一切要求；爱如同横溢泛滥的河水"淹没"了孩子，是一种失去理智的爱、摧残儿童身心健康的爱。

实际上，许多父母给孩子的爱往往是溺爱，而孩子真正需要的是教育爱。溺爱，既为孩子种下了苦果，也为父母增加了不必要的负担。爱孩子就要让孩子的肩膀从小担起责任来，给孩子提供爱他人的机会。日本教育家木村久一说："如果真爱自己的孩子，那就应当把心用在了解孩子的心理和对孩子的教育上，如果像狗那样去爱护孩子和抚养孩子，就不算其为人了。"教育爱可以让父母更关爱孩子的心理和情感，引导孩子面对生活，走向人生的辉煌。

　　有这样一个母亲，从孩子会走路开始就怕孩子碰着，把家里的桌子、凳子等一切家具有拐角的地方都用棉布包了，就这样呵护到大学毕业，走上工作岗位以后才发现这样呵护出来的孩子根本经不起困难的考验，不得不又一次一次地为孩子"铺路"——花钱找工作，垫钱买房子，为孩子包办媳妇，等等。这样呵护出来的孩子，能为社会担起多少责任暂且不说，就是自己独立生活也有困难。

　　这种溺爱子女的做法就好比在温室里培育幼苗。温室里培育出来的幼苗外表虽然长得很鲜艳，但是经不起外界风霜雪雨的考验。它只要一离开温室，就会很容易被外界的狂风暴雨摧残得奄奄一息。所以，对于那些衣食无忧的孩子来说，父母应多给他们提供一些在温室外活动的机会，通过这些活动，来培养孩子独立自主的适应外界生活的能力。尤其在孩子上学期间，不要溺爱孩子。不要因为孩子在学校吃的饭一般，就隔三差五大包小包地往学校带好吃的东西。孩子想吃什么，就往学校送什么，这样做对孩子的成长是不利的。要知道，小鸡不啄开蛋壳是长不大的，小鸟不离开鸟巢是学不会飞翔的，狐狸不离开母亲的怀抱是过不了独立生活的。因此，孩子不离开温室适应独立的生活，是经不起风霜雨雪的考验的。

　　真正爱孩子的父母，要在孩子面前表现得弱一点，让孩子也懂得爱别人。别总把自己看成是高山，视孩子为小草，让孩子靠着父母、仰视父母、惧怕父母；更不要把自己当成伞，视孩子为小鸡，处处为孩子遮风挡雨，让孩子弱不禁风。

Tips

　　现在大多家庭都对孩子视若掌上明珠，都想为孩子把人生的路铺得平平坦坦的，以为这样就是为了孩子好，岂不知在无形中却把孩子害了。

CHAPTER

3

第三章

多多地
赞赏与激励孩子

没有不能成才的孩子，只有不会教育的父母。教育孩子健康地成长需要父母多多地去赏识与激励孩子。孩子成长进步的自信心不是生来就有的，而是在父母的不断激励下渐渐形成和提高的。缺乏激励的孩子，犹如生长的禾苗缺乏滋润的阳光雨露，往往容易因为自卑而畏缩不前。善于赞赏与激励孩子的家长，会给孩子的不断进步和天天向上提供无形的动力，让孩子在充满自信中走向成功的未来。

一 告诉孩子：你真的很好、很棒

做明智的父母，多给孩子一些赞赏

有位心理学家曾说过："人性最深层的需要就是渴望得到别人的赞赏，这是人类之所以有别于动物的地方。"缺乏赞赏的人，往往是缺乏信心、缺乏成功动力的人，这种人的一生往往也会灰暗无光。因此，作为家长，一定要经常地对孩子予以赞赏。

有这样一个故事：

> 有位父亲是美国一个超级市场公司的老板，他与儿子之间的沟通基本上是批评，儿子也不愿意与父亲沟通。
>
> 后来，儿子负责主管其中一家超市。有一天，父亲去儿子店里视察时，发现这家店竟然在儿子的手中扭亏为盈，越来越多的顾客喜欢到这家店来买东西，大家也很喜欢他的儿子。
>
> 父亲非常佩服儿子的能力，把他叫到一边，说："你做得太好了。没有人比你更能招徕这么多的顾客！"

没想到，高大的儿子听了父亲的称赞后，竟然流下了眼泪。他对父亲说："爸爸，您从来没有这样称赞过我，我很高兴你对我有这样的感觉。"

后来，这位父亲对别人说："这是儿子长大后，我与他第一次真正的沟通。"

日本教育家谷口雅春说："人都有生就的天赋，而父母不懂真相才没有把他当成天才。孩子身上的天赋是未经加工的钻石，所以不能因为表面上没有天赋的闪光而失望。这种天赋要靠表扬来磨制。夸奖孩子，让自己的孩子发挥出他所有的能量吧！"因此，在家庭教育中，父母要善于激励和赏识孩子，这样做能对孩子的进步产生一种无形的力量，能增强孩子的自信心和激发他们的上进心。

孩子都是有上进心的，包括那些缺点、毛病比较多的孩子，都希望得到表扬、肯定和激励。当他们由于进步或是做了好事而受到父母的赞赏和激励时，会在情绪上得到满足，在思想上产生快感。这样，孩子积极的内心体验就会逐步丰富和加深，从而更增加自信心、自尊心和上进心，产生再进步或做好事的欲望。如果孩子总是受批评，总是产生不愉快的内心体验，他们的情绪就会越来越低沉，并逐渐丧失自信心、自尊心和上进心。

其实，缺点再多的孩子身上也总有积极因素，总有所长，只不过是不太显著而已。如果父母不抱有成见的话，肯定会发现他们的优点。

明智的父母，应该多给孩子一些赞赏。

> **Tips**
>
> 　　父母要做到"奖子一长"，必须努力克制自己无益的感情冲动，不用直接的批评，而改用期望、信任和鼓励，用正面激励的方法，这样的效果肯定会好。

02

及时称赞孩子做得对的事情

　　称赞绝不能随意用。最重要的一条规则就是：只能夸奖孩子的努力与成就，不要夸奖他们的品性与人格。

　　当孩子做完一项家务之后，说他辛苦了，或者称赞孩子做得多么棒啊，只有这样的评论才是正常的、自然的，而夸他是个多好的孩子几乎毫不相干，也不适宜。赞美的话语应该让孩子看到他的成绩的真实情况，而不是他品格的扭曲变形。

　　菲菲非常努力地把院子打扫干净了，她用耙子把树叶耙拢，把垃圾运走，并且把工具重新摆放好。妈妈非常感动，对她的努力与成绩及时表示了感激与欣赏——

　　妈妈："院子原先太脏了，我不相信一天就可以把它收拾得这么干净！"

　　菲菲："我做到了！"

妈妈："院子里原先都是树叶与垃圾，还有其他的东西。"

菲菲："我把它们都打扫干净了。"

妈妈："一定费了你很大的劲！"

菲菲："是的，我确实费了很大劲。"

妈妈："现在院子好干净啊，看着都开心。"

菲菲："它现在很漂亮。"

妈妈："你愉快的笑容告诉我你很自豪，谢谢你，亲爱的。"

菲菲（灿烂地笑着）："不客气。"

菲菲妈妈的话让菲菲为自己的劳动感到很高兴，为自己的成绩感到很骄傲。晚上，她迫不及待地等父亲回来，就是为了向他显示一下干净的院子，好在心里再次重温一下对出色工作的骄傲。

称赞包括两个部分：父母对孩子说的话，以及孩子听了父母的话后在心里与自己说的话。

父母的话应该明确表明父母很喜欢、很欣赏孩子的努力、体谅、创造或者成就；应该让孩子能对自己的品格有一个现实的看法；应该像一块有魔法的帆布，这块帆布虽然不能给孩子提供帮助，但是，能让他们给自己画一幅正面的画像。

哪怕所有人都看不起我们的孩子，我们做父母的也应该眼含热泪地欣赏他、拥抱他、称赞他，为他感到自豪，这才是每个孩子的成才之本。

孩子的心理尚未成熟，他们在完成某项活动后的"成功与喜悦"只是一种自我认识，与其在活动中达到的实际水平并无直接的关系，而与父母、老师、同学等"重要人物"对其的评价密切相连，哪怕是极其微小的进步，只要父母能给予表扬性的评价，孩子就会体验到成就感，从而增强自信心。

当孩子办好一件事时，父母要给予真挚的赞美，而且表达中要充满欣喜与赞赏，言辞中要传达对孩子努力的承认、尊重与理解。这比其他任何方式都更能激励孩子热爱生活与获取成就。

因此，父母对孩子的表扬不仅要多，还要具体可信。称赞时，要作明确、详尽的描述，孩子能从这些信息与赞赏中受益，远比那些对品格的评价要有效得多。

用赏识激活孩子的天赋与潜能

心理学研究认为，每个孩子都有无穷的潜能，关键是能否发现、发挥这种潜能。大多数成绩落后的孩子并不是因为自身智商低才落后的，而是因为他们经常被家长和老师否定，自尊心受到伤害，个性长期被压抑了，于是便处在了落后的位置。

孩子的潜能需要父母赏识的星星之火来点燃。美国纽约的一个父母家教协会在总结教子经验时，提出如下几条见解。

◎ 要坚信自己的孩子是天才

不要埋怨自己的孩子一无是处，而要坚信每个孩子都有潜在的才能等待开发。孩子一无是处只是天赋或潜能暂时被压抑了，需要父母给予关怀和爱，每个父母都应该像对待天才一样对待自己的孩子。

◎ 仔细观察孩子闪光的一面

在日常生活中，如果你能注意孩子的行为举止、好恶，在他与别人玩耍、交谈阅读时觉察他，就会发现你的孩子虽不爱弹琴却喜欢绘画，虽没耐心却有创意，虽不善言辞却很热心，孩子总有他优秀的一面，父母可以记下孩子的性格倾向，从而诱导他。

当父母用赏识的眼光来看待自己的孩子时，会发现他们魅力四射。

◎ 创造机会让孩子发挥聪明才智

赏识不是停留在口头上的赞美，而是一种行动，父母应多给孩子创造发挥他们才智的机会。比如家里举行生日晚会时，鼓励孩子们表演节目；每周一个晚上轮流朗诵短文并发表心得；等等。

◎ 耐心等待孩子发挥潜力

赏识就是一种宽容。既然给孩子机会，就需耐心等待孩子发挥潜力。有些父母嫌孩子小，什么事都自己来做，孩子也乐得坐享其成，而让自己的天资睡着了。

◎ 给予孩子赞美和掌声

当孩子取得一定的成绩时，应该给他赞美和鼓励的掌声。因为，即使是天才，也需要成功的体验来积累信心。

赏识，可以发现孩子的长处和优点；赏识，可以顺应事物发展的自然规律。父母可以多创造条件使孩子的优点和长处得到充分的发挥，而不是被扼杀，从而达到一般情况下不可能达到的成就。

> Tips
>
> 父母应该相信孩子的潜能，在孩子的背后默默支持他，赋予孩子完全发挥潜能的力量。当孩子一时达不到自己的要求时，不能一味地指责、批评。如果那样的话，孩子的潜能就被压抑住了。

家长要掌握赞美孩子的艺术

家长应该学会赞美孩子的艺术。对孩子进行建设性赞美，是一个合格家长应具备的素质。家长应该懂得把赞美区分为评价式赞美和建设性赞美，孩子们需要的是建设性的赞美。

教育专家们认为，父母赞美孩子时应注意以下几点。

◎ 赞美不应以偏概全

当孩子出现了父母期望的行为时，应赞美其行为，而不应含糊其词地赞美其整个人。如"你这样做了就是好孩子""我儿子真行""我女儿真听话"等。

◎ 赞美应是客观的，真心实意的

有些家长和老师也知道表扬对孩子确实有效。但在孩子长期受到指责后，家长和老师可能容易走向另一个极端，对孩子的行为赞美不客观，使孩子反倒感到难受，以为缺乏真心实意。父母和老师对孩子不客观的赞美，尤其是过高期望值的赞美，在孩子做不到时反而是有害的。

◎ 赞美孩子的每一个微小的进步

孩子乱摔东西，常常跟父母顶撞；今天尽管他还是乱摔东西，但没有与父母顶嘴，这就应该表扬。孩子老不爱做作业，尽管今天仍然是不情愿地做作业，但毕竟拿笔坐下来了，就必须表扬。

◎ 赞美不只是语言上的表达，也可以包括非语言的表达

孩子做到了父母期望的行为，可以对他报以肯定与信任的微笑。孩子完成了某种正确的行为，父母可以点头示意表示赞赏。

◎ 对不同年龄的孩子应用不同的方式赞美

幼儿倾向于物质利益赞美为主，青少年则倾向于精神鼓励为主；幼儿倾向于更为直接的公开的赞美，而相对大的青少年则以更含蓄的信任与幽默表达为主。

　　赞美适用于所有孩子，可以说是对孩子进行家庭教育的最基本原则和方法。但需要指出的是，它并不能解决孩子的所有心理、行为问题，如偶然的偷窃、说谎等严重的不良行为。所以，父母不应把孩子的一切希望寄托在自己的赞美上，过度的赞美也会害了孩子。

赞美孩子的每一点进步

赞美孩子的每一点进步，可以使孩子逐步树立人生的自信，从而走出卓越的人生。

　　海翔小时候刚刚开始会用毛笔写字，妈妈就开始"收藏"儿子的作品，那些写在废包装纸、废信封上的歪歪扭扭的字，妈妈都像"宝贝"一样收藏起来。

　　不管写得好不好，妈妈总要在儿子写的字上画圆圈，总共画有几千个。她常对儿子说的一句话是："只要今天比昨天强就好。"

　　对妈妈的鼓励，海翔记忆犹新，他对记者说："小时候，妈妈给我买来字帖，但从来不强迫我练习，我高兴了就拿出来写两页。但只要我一写，妈妈就走过来非常欣赏地说：'这字是怎么写的？很好啊！你什么时候学的呀？怎么比上次提高得这么快？'她老是表扬我，一下子就把我拉到书法这个门里来了。后来我真的爱上了书法，水平不断提高，她已经无法从技巧上再给我帮助了。但我仍然觉得，母亲跟我站在同等的位置上，她作为一个欣赏者，对我很重要。"

　　海翔多才多艺，唱歌、弹琴样样都不错，可他小时候并不喜欢音乐。

　　海翔回忆说："我小时候老爱瞎嚷嚷，嗓音比较哑，一唱歌，老师就不满意，我觉得我唱歌可能真不行。有一次，我们班举行合唱比赛，唱《让我们荡起双桨》。最后一句音比较高，别人都唱不上去，我也不知道哪来的劲，一个高音就唱上去了，结果被同学'揭发'，后来老师让我领唱。我紧张了，一回家就跟我妈说：'坏了，老师让我领唱！'我妈说：'你从来没唱过歌啊，你唱唱。'我书包都没顾得上放下，就站在门厅开始汇报演出。我妈说：'唱得很好啊！'后来这个爱好一发不可收拾。"

孩子的成长是一个漫长的过程，要一步一步地不断实现，而不是一蹴而就。因此，对于孩子的每一点进步，做父母的都应格外敏感并及时地给予鼓励。

当我们对孩子的每一点进步都有所表示的时候，可以看到非常显著的效果，话语虽然很简单，但是孩子却可以心领神会。比如可以说："孩子，我非常高兴，你今天把脱下的鞋子摆得很整齐。"就这一句赞美之词，会提醒小孩一连多日都记住把脱下的鞋摆放好。

又如，大人期望孩子学会收拾自己的房间，就要先从他们会做的事情开始。让他们把床铺好，把桌椅摆好。这样一步一步地，不久他们就能掌握收拾房间的技巧。同时要告诉他们，大人看见了他们的每一个微小的成绩。"你今天把床铺好了，把桌椅摆好了，你基本上已学会怎样整理房间。"我们就这样鼓励他们继续下去，不忘赞美，孩子们也会一点点地取得进步。

及时的赞美能够培养孩子积极的心态，这种心态对孩子继续发扬优点和改正缺点都是必不可少的。

孩子的自信从何而来？来自于父母的欣赏，来自于父母有效的鼓励。孩子需要欣赏，孩子需要鼓励，父母的欣赏、鼓励能帮助孩子走向成功。

06

用喝彩的方式激励孩子的兴趣

每个孩子都有缺点，也有优点。如果父母总是抱怨孩子的缺点，他的缺点会越来越多；如果父母鼓励孩子，大声为孩子喝彩，孩子最初的兴趣可以转变成特长。

美国有一个家庭，母亲是俄罗斯人，她不懂英语，根本看不懂儿子的作业，可是每次儿子把作业拿回来让她看，她都说："棒极了！"然后小心翼翼地挂在客厅的墙壁上。客人来了，她总要很自豪地炫耀："瞧，我儿子写得多棒！"其实儿子写得并不好，可客人见主人这么说，便连连点头附和："不错，不错，真是不错！"

儿子受到鼓励，心想："我明天还要比今天写得更好！"他的作业一天比一天写得好，学习成绩一天比一天提高，后来终于成为一名优秀学生，成长为一个杰出人物。

这就是孩子。你说他行，他就行；你说他不行，他就不行。你为他喝彩，他会给你一个又一个惊喜；你说他不如别人，他会用行动证明他真的很笨。大人应该用喝彩的方式来激励孩子的兴趣，培养孩子的特长。

林林小时候有两大爱好，一大爱好变成了特长，一大爱好变成了特短。林林小时候爱画画，五岁时，照妈妈养的鸡画了一只彩色大公鸡，在北京市幼儿园评奖中获得一等奖，得了五张彩纸，林林非常高兴，兴冲冲跑回家跟妈妈说："妈，我得奖了！"妈妈笑眯眯地说："太好了，我早就说过，你画的公鸡比我养的公鸡还漂亮呢！"林林特得意，觉得自己很棒，更爱画画了。

　　每次画完画，最先欣赏的是妈妈和哥哥，他们说她是画画的天才。这个"天才"终于上小学了，上学第一天老师问："谁会画画？"没有人举手，林林骄傲地举起手："我会。"老师很高兴，说："那好了，黑板报就交给你了。"林林从一年级画黑板报一直画到六年级，从初一画到高三，林林一直对画画有着浓厚的兴趣，终于成了一位青年画家。

　　但她还有一个爱好却变成了特短。小时候林林爱跳舞，还去区里参加过演出。但是，到五年级的最后一个学期，市舞蹈学校到学校招生，林林到舞蹈学校面试时，有个老师从她身边走过，瞟了一眼，说："哼，腿都不直还跳舞呢！你瞧人家！"林林一看别人，真是自惭形秽，以后再跳舞时，林林耳边总响起老师的话："腿都不直还跳舞呢！"以后她就完全没有自信心，干脆不跳舞了。

林林的经历说明一个道理，一个人从小生长在"你不行"的环境中，慢慢地把"你不行"内化为"我不行"，孩子就真的不行。如果一个人生活在"你能行"的环境中，慢慢地把"你能行"变成"我能行"，孩子就真的能行！怎样使孩子成才，父母要懂得为孩子喝彩的艺术。

大胆为你的孩子喝彩吧。请相信，你的孩子也会创造奇迹。

掌握夸奖孩子的艺术

父母在夸奖孩子的时候，要特别注意发掘孩子自己没有感觉到的优点，这样更能提高他的自信心。

夸奖也应该在正确的时间，正确的地点，以正确的方式进行才能有最佳的效果。给孩子一个意外的惊喜，这是使你的夸奖具有奇效的秘密。也就是说，父母在夸奖孩子的时候，要特别注意发现他自己没有感觉到的优点，这样更能提高他的自信心，使他的内心世界产生推动力。

不论是成人还是孩子，没有人不喜欢听好话，不喜欢受到夸奖，可是研究发现，夸奖的方式不同，所产生的效果也有所不同。

既然给别人一个惊喜也是夸奖的一种技巧，父母为什么不将这种技巧用到孩子的身上呢？

下面是一些可以使夸奖发挥最佳效果的夸奖之道。

◎ 在众人面前进行鼓励

单独夸奖孩子或在很多人面前夸奖孩子，在一般人面前或在孩子敬仰的人面前，夸奖所产生的效果是不同的。也就是说，孩子所获得的喜悦是随着夸奖层面的扩展而扩大的。根据这一点，父母要善于利用夸奖，在别人面前多多夸奖孩子。

当然我们要特别提醒读者的是，在当众夸奖孩子的时候，父母的情绪不要过于激动，语气也不要太激昂，更不要唠叨个没完或反复重述。也就是说，要特别避免内容贫乏而夸张的言辞，这样孩子不但没有喜悦的感觉，反而产生厌烦、反抗和逃避的心理。

记住一句话：夸奖也需要真诚，真诚也是一种力量！

◎ 不能毫无理由地夸孩子

在家里，一般来说，孩子都会经常帮忙做一些轻松的家事。只要他们卖力、认真，就应该得到父母的夸奖。比如说，当父母走过正在扫地的孩子身旁，尽管慷慨地说："这么干净，走起来真舒服。""辛苦你啦！"等。

研究发现，夸奖的词语不管多么简短，孩子们都会感到无比的快乐。特别值得提醒的是，在这种场合，父母的鼓励一定要保持某种程度的理性，千万不要把话说得抑扬顿挫，过于感情化，只要出自内心，孩子就会感觉到。注意，父母不能毫无理由地夸奖孩子。

◎ 千万不要出言不逊

研究发现，"不要出言不逊"对孩子的教育是非常重要的。父母应该充分认识到，在孩子成长过程中，他们语言的使用出现错误是难免的，遇到这种情况，父母千万不要出言不逊。

有的父母经常会说这样的话："怎么会连这个都不懂？""简直就是笨蛋！""多用一下大脑好不好！"父母千万不要随口说这样的话。对成人来说，这可能没有什么太大的问题，可是对孩子来说，所引起的后果是极为严重的。

如果父母按照成人的思维习惯和知识水平去否定孩子的想法，那么，由于否定而产生的挫折感，往往会使孩子再也不想继续下去，或是再也不肯发言和回答问题。

　　所以，父母应该采用比较婉转的方法，比如说："你的想法，我还不太明白。你要不再想一想，想清楚一点再告诉我，好吗？"并且还可以为孩子提供思考的角度。经验证明，这种做法可以提高孩子的自信心。

　　当孩子对"什么是对的"还模糊不清的时候，父母要避免马上使用嘉许和鼓励的词语，应该先对孩子有所了解，仔细留心孩子的发言内容，才有助于了解孩子。因为胡乱地表态对孩子的健康成长是不利的。

二 激励孩子不断地成长

激励能够有效地促进孩子成长

一位著名的教育家说:"孩子需要激励,就如植物需要浇水一样。离开激励,孩子就不能生存。"

雨果·西奥雷尔 1903 年出生在瑞典南部的林彻市。父亲是个外科医生,他那勇敢顽强的性格和严谨细致的作风深深地影响了幼小的西奥雷尔。

在父亲的影响和教育下,小西奥雷尔从小热爱学习,兴趣广泛,每当他在学习中遇到什么困难向父亲诉说时,父亲总是拍着他的头或肩说:"别怕,你肯定能行。"父母的话鼓舞着小西奥雷尔愈发心细、胆大。

他总是十分认真地观察着、寻找着、思考着。他的这种求知欲望和探索精神大受父亲赞赏,父亲给予热情的鼓励和支持。

1930 年,27 岁的西奥雷尔获得医学博士学位。然而,天有不测风云，正当西奥雷尔准备大干一番事业的时候，他突发疾病，双腿致残，他因此陷入了不可名状的痛苦之中。面对这种打击，西奥雷尔耳边仍时时回响着父亲的鼓励："你肯定能行！"因此，他鼓励自己说，当医生不行了，还有其他路可走。经过认真分析思考，西奥雷尔决心以毕生的精力献身基础医学和生物学的研究，从根本上提高医学水平，拯救世界上成千上万的病人。

西奥雷尔知难而进，他克服了一般人意想不到的困难，以残疾之躯，长途跋涉，前往德国柏林，向当时世界第一流的酶学科学家瓦勃格教授请教，与他共同攻关。西奥雷尔谦逊诚恳的态度，朝气蓬勃的热情，坚定不移的意志，深得瓦勃格教授的赞赏。西奥雷尔的汗水终于没有白流，他的研究终于结出了成功的果实。

1936年，西奥雷尔获得纯度为80%的细胞色素 C。1939年，西奥雷尔又获得纯度接近100%的细胞色素 C。科学界的同行们对西奥雷尔赞不绝口，称赞他的手"简直是一双神奇的妙手！"

西奥雷尔由于突出的成就先后被瑞典、丹麦、美国、英国、法国、意大利、比利时、印度等国吸收为科学会会员，1955年，西奥雷尔荣获诺贝尔生理学或医学奖金。

西奥雷尔以其残疾之躯取得如此令人瞩目的成就，这与幼年父亲对他进行的激励、赏识教育是分不开的。"你肯定能行"，这一句很普通的话语，在西奥雷尔的心里就是燃亮希望之光的火炬，促使他充满信心、勇敢地去拼搏，从而奠定了他成功人生的基础，使他逐步地从平凡走向辉煌。

激励的作用对教育孩子至关重要。但遗憾的是在生活中，家长往往不重视激励，他们更关心的是怎样"对付"孩子的"不规范"行为，根本不考虑孩子的行为究竟表现了怎样的心态，应如何"对付"这些导致不"规范"行为的原因。虽然人人明白鼓励是什么意思，也知道鼓励对促进孩子进步有好处。但是，大多数家长并不真正清楚怎样鼓励孩子，什么时候应该加以鼓励以及激励的技巧、方法等。他们往往以为激励就是说好听的，表扬一下。

其实，激励就是给孩子提供一个机会锻炼及表现自己的能力，让孩子证明他是环境中的一个有效分子，他的行为可以给自己和别人带来积极的影响。在激励的作用下，孩子认识到自己的潜力，不断发展各种能力，就能成为生活中的成功者。

激励可以是非常简单的。给孩子一个拥抱，使他们感到一些安慰。例如有的孩子常常喜欢哭哭啼啼，有时愁眉苦脸，或不高兴地嘟嘟囔囔，什么似乎都不能使他转阴为晴。在这种情况下，家长往往感到十分恼火，甚至要打孩子几下，认为这样可以制止孩子的无理取闹，减少他没完没了的不满足行为。

其实我们可以试一试给孩子一点温暖，将孩子抱到怀中，对孩子讲他是一个多么可爱的孩子，我们多么喜欢他，等等，孩子多数会停止哭泣，直到一切转变为正常状态。这里的关键是要明白孩子真正需要的是什么，他哭闹可能是需要得到父母的注意，所以我们温情的表示会使他们安静下来。家长应当学会掌握时机。

要激励孩子，就应充分肯定孩子的优点，避免伤害孩子的自尊心。

学会激励孩子并不是一件容易的事，每位家长都要仔细地研究与思考鼓励孩子的策略，并养成鼓励孩子的习惯。

　　我们常常为了孩子在某些方面的不足穷追猛打，期望他能够改变，致使大家的注意力都对准了孩子的坏的方面，双方都丧失了信心。只有当他们对孩子有信心时，才能有效地鼓励孩子；而只有在孩子对自身有信心时，他们才能无障碍地接受鼓励。

激励能够增强孩子的自信心

在家庭教育中，父母要善于激励和赏识孩子，这样做能对孩子的进步产生一种无形的力量，能增强孩子的自信心和激发他们的上进心。

美国作家马尔科姆·戴尔科夫在少年时代有一段有趣的故事。

戴尔科夫小时候住在伊利诺伊州的罗克艾兰，无依无靠，生性十分卑怯。1965 年 10 月的一天，他的中学英语老师露丝·布罗奇给学生布置作业，要求学生在读完了小说《杀死一只知更鸟》末尾一章之后，由他们接下去续写另一章。

戴尔科夫写完作业交了上去。布罗奇夫人在他作业的页边批下四个字："写得不错！你将会成为了不起的人！"

看到了老师的批语，戴尔科夫激动不已。就是这句话，改变了他的一生。

戴尔科夫回忆说："读了老师这句评语，我回家立刻写了一个短篇小说——这是我一直梦想要做但又绝不敢做的事。"

在接下来的时光里，他写了许多短篇，并总是带给布罗奇夫人评阅。老师为人严肃而真诚，不断给他鼓励。后来他被提名当上那所中学校报的编辑，由此他越发自信，就这样开始了卓有成就的一生。

戴尔科夫确信，如果不是因为老师在作业本上写下的那句话，他不可能取得后来的一切。老师的一句激励和赏识的话，改变了一个少年的一生，使他成为一名专业作家。由此可见，激励和赏识对孩子成长的作用有多大。

孩子都是有上进心的，包括那些缺点、毛病比较多的孩子，都希望得到表扬、肯定和激励。当他们由于进步或是做了好事而受到父母的赞赏和激励时，就会在情绪上得到满足，在思想上产生快感。这样，积极的内心体验就会逐步丰富和加深，从而增加自信心、自尊心和上进心，产生再进步或做好事的欲望。如果孩子总是受批评，总是产生不快的内心体验，他们的情绪就会越来越低落，并逐渐丧失自信心、自尊心和上进心。

其实，缺点再多的孩子身上总有积极因素，总有所长，只不过是不太显著而已。如果父母不抱成见的话，肯定会发现他们的优点。

问题是对于这些孩子，父母总是抱有成见、偏见，即使有积极的因素也视而不见。抱着这种态度和情绪教育孩子，批评来批评去，把孩子的精神支柱都搞垮了。

清代教育家颜元曾说："数子十过，不如奖子一长。"这个原则对于任何孩子都是适用的。对那些表现不太好的孩子来说，尤其要少批评、多激励。这样做，有时候会产生奇效。

表现不太好的孩子，他们身上的积极因素往往被缺点所掩盖，很容易被父母忽略。所以，要做到"奖子一长"，父母必须努力克制自己无益的感情冲动，不用直接的批评，而改用期望、信任和鼓励，用正面激励的方法，这样的效果肯定会好。

Tips

　　父母激励和赏识孩子的范围不要局限于孩子学习上的进步，还应包括孩子完成了适应自己年龄的游戏和任务；服从、合作与体贴同伴和兄弟姐妹；完成了自己所分担的家务活；减少了不合适的行为等。

父母要懂得去发现孩子的正确行为，而且给予激励和赏识，这样才能使激励取得良好的效果，但这需要父母在孩子的日常生活中投入一定的耐心和爱心。因为稍不留神，父母就会在孩子表现良好时漠然处之。

受到激励的孩子能够健康地成长

很多人都认识到，人的成功离不开自信的力量，而自信又需要不断的激励。所以，很多聪明的父母总是给孩子不断的激励，使孩子的潜能充分发挥出来。心理学研究证明：激励能提高孩子的想象力和创造力，增强孩子的记忆力。事实也证明：激励伴随孩子成长，能够培养孩子的勇气和信心。孩子在父母的激励下，会有更多成功的机会。

贺佳亮活泼好动，已经上小学了，但他调皮的性格却充分体现出来，老师多番管教都没能收到预期的效果。到了开家长会的时候，老师对贺佳亮的妈妈说："贺佳亮可能有多动症，始终坐不住，您还是带孩子去看医生吧！"

在回家的路上，贺佳亮问妈妈："妈妈，老师都跟您说什么了？"母亲怕打击孩子的上进心，便善意地欺骗道："老师说你刚来时坐不了一分钟，现在都能坐三分钟了！"贺佳亮听后，非常高兴。此后，他坐的时间也越来越长。

贺佳亮不喜欢做作业，他的成绩一直都很差。开家长会时，老师将他妈妈叫到一边说："贺佳亮的成绩特别差，学校想尽办法都没起作用，他是不是智商有问题？"对于老师的话，妈妈什么也没有说，只是不断地点头，回家的路上，贺佳亮问母亲："妈妈，老师都跟您说什么了？"

母亲眼中含泪，口中却说道："老师说你这段时间进步很大，如果继续努力，一定能赶上那些好学生！"贺佳亮听后点点头，他的成绩也开始不断地提高。

后来，贺佳亮顺利地考入了中学。但是，贺佳亮的成绩在班级里却处在中等。又到了开家长会的时间，老师对他妈妈说："贺佳亮的成绩一般，考大学的希望不是没有，但是比较渺茫，作为父母你要事先给孩子找好出路。"母亲回到家后，告诉贺佳亮："老师认为你的成绩非常好，对你考大学很有信心，如果你再努力一些的话，有可能考上重点大学！"在随后的学习中，贺佳亮越发的刻苦，最终考上了重点大学。

（事例改编自《巧于沟通：走进孩子的内心世界》舒涵英著）

孩子的进步，有诸多方面的原因，但是可以肯定，家庭教育是不可忽视的。而父母不断的激励则是培养孩子正常发展、快速成长的金钥匙。

激励能使孩子不断地走向成功

激励可以使孩子逐渐走向成功，但激励不可率意而为，一定要充满诚意。

王丽是一个非常成功的母亲，她拥有三个出类拔萃的儿女。提起教育孩子她颇有感受。王丽认为家庭教育应该首先培养孩子的自信心，而真诚的激励是培养孩子自信心的捷径。父母要让孩子有被相信的感觉，不断地鼓励孩子积极向上。对于孩子的积极性要做到不打击、不挫伤。

王丽的小儿子王星，在 4 岁时曾经做过一次扁桃体手术，嗓音因此变得很粗，唱歌时常受到小朋友们的嘲笑，他因此变得自卑，一到上幼儿园的时间，就又吵又闹不愿意去。

为此，王丽本想告诉孩子嗓音不好是遗传，妈妈的嗓音就不好，几次话都到嘴边又咽了回去，她想如果这样对孩子说，孩子可能就会对嗓音永远没信心了。经过一番思考以后，王丽告诉孩子唱歌不好听，必须多唱、多练。例如一些著名的歌唱演员，开始时嗓音并不好听，他们经过一番勤学苦练以后，最终成为了名人，告诉孩子应该多向他们学习。

从此以后，小王星每天放学后的第一件事，就是打开音箱拿起话筒练唱。后来，小王星不但能把歌唱得很好，还参加过学校的歌唱比赛呢。

只要孩子表现出了一点儿可取的地方，父母就应立即加以肯定。父母想让孩子爱自己，应先把自己对孩子的爱表现到行动中。事实上人们总是对那些美好的事物回味无穷。别人的一句赞美、一个称赞的表情，足以令人终生难忘。父母们平日和朋友交际应酬时，一副客客气气的表情，称赞起别人更是得心应手。其实父母们有所不知，这套对你的孩子也非常有效。受到父母鼓励的孩子，一副喜气洋洋、信心十足的表情。失败了的孩子，也需要父母支持，才能渡过难关。

Tips

　　父母要用话语让孩子知道你内心的真实活动，避免讲出讽刺的话。否则，孩子可能会想："这个世上最爱我的人都这样瞧不起我，我还会有希望吗？"于是开始自暴自弃，在各方面停止努力，这样离成功就会越来越远。

看扁孩子会毁掉孩子的前途

　　很多做了父母的人，却一点也不懂得自己对孩子的职责，"身在其位，不谋其政"，是好多父母的真实写照。他们从不以孩子为镜子，更别说提高自己的素质与管教方法，他们只知一味地对孩子抱怨这不行那不好，他们对孩子不断进行有百害而无一益的摧残，把一个个本来活泼可爱、充满蓬勃朝气的孩子，变成些没志气、没理想、平庸的人。

　　那些以为自己多有预见的父母一天到晚总把"这个孩子不是那块料"挂在嘴边，他们却没想到"孩子肯定会实现你的话"。不管多聪明、多可爱的孩子都会被这样的父母给毁掉。

有心理学家经过多次实验和观察后证实：小孩子对自己本身的看法全部来自旁人的评价，家长对孩子的评价，就是一句话，或一个不经意的眼神，都极有可能会影响孩子的一生。天真的小孩子们下意识地按照家长对自己的评价不断对自己进行调整，以期达到家长的"期望"。

有位本科毕业以后从事教育行业的父母，拥有一个聪明、可爱、天真活泼的女儿。但可悲的是这位出色的爸爸却有一个不足——不相信孩子的潜力，孩子只要稍不遂意，他就要对孩子打、骂、训。致命的是他一天到晚在嘴里唠叨——"天生就不是一块成才的料"。这位爸爸的行为让孩子失去了信心。孩子那柔嫩的心灵屈服在了爸爸的"咒语"之下，最终成为了爸爸嘴里所说的庸才。

从此以后，这位爸爸就像一个得胜的将军那样，每天振振有词地说："你看我说对了吧！"

心理学家认为：有些家长之所以会说孩子"根本不是那块料"，其实是他自己没有识才的眼光。一些家长自己本身就是一个自卑的人，但他们又望子成才，可却不相信自己也能育子成才，所以他们高举"根本不是那块料"的硬棒，亲手毁掉了自己的子女。家长们应该认识到，荆山之玉尽管很美，但却需要有人对其进行识别和雕琢，否则再美的玉也不会展露在世人的面前。

孩子们常用娇、怒、任性、不听话，以及逆反心理向家长反映自己的感觉。孩子虽小却也需要自尊，孩子如果得不到家长及周围人的尊重，就会生活在"屈辱"中，这样的孩子其最终成败已可预见。家长为什么不能说一句"你很棒""你一定能成功"呢？

CHAPTER

4

ZHUYI
FANGSHI
FANGFA,
QIAOYU
HAIZI
GOUTONG

第四章

注意方式方法，巧与孩子沟通

在现实生活中，常听到一些做父母的感慨："孩子长大了，就不听我们的话了。"其实，这主要是父母与孩子缺少沟通所致。

心理学家一直强调：良好的亲子沟通对儿童的性格态度及行为发展有着极其重要的影响。

父母只有与孩子进行良好的沟通，才能了解到孩子心中所思所想，知道孩子想要什么，需要什么，心理上出现了哪些问题，然后才能够"对症下药"，给予适当的引导和帮助，使孩子快乐成长。

一 讲究与孩子说话的语言技巧

　　语言，是父母与孩子进行沟通和情感交流的最直接、最常用的表达方式。父母的语言表达反映着自身的文明素养，父母的说话方式也体现着自身的家教水平。因此，一个善于与孩子亲密无间地沟通的家长，一定会讲究说话的艺术和语言的技巧。

营造和谐的家庭语言风格

　　语言交际是一种十分复杂的技能，语言表达方式也是多种多样的，所谓"一句话，百样说"，任何一句话都可以有多种说法。说法不同，效果便截然不同，在与孩子沟通过程中，父母也应该营造一种和谐的家庭语言风格。一般说来，和谐的家庭语言风格有幽默型、民主型和书信型三种。

◎ 幽默型家庭语言风格

　　每个人都希望获得快乐，每个家庭都希望充满笑声。父母如果懂得在家庭营造一种幽默的语言风格，那么，亲子沟通，乃至于整个家庭成员之间的沟通都会轻松、欢快和有效。众所周知，幽默所表现出来的滑稽、诙谐、风趣和含蓄等精神现象使人发笑、回味无穷，从而创造一种良好的沟通氛围。

虽然幽默是需要一点天分的，但是不必叹息自己缺乏幽默的天赋。只要善于在生活中发现一些好玩的、快乐的事，就可以说出一些幽默的语言。

幽默来源于对生活中各种事件的洞察力，亲子之间营造幽默型语言风格应该注意以下三点：一是用轻松宽容的心情对待有关孩子的各种问题；二是建立富有家庭个性特色的"快乐制度"；三是尝试改变生活和体验生活。

◎ 民主型家庭语言风格

民主型家庭语言风格使整个家庭的沟通民主开朗、宽容活泼。在这种家庭语言氛围中，孩子会觉得他和父母之间就是一种亲密的朋友关系，而不是一种上下等级分明的关系。父母不是将孩子当作只会接受信息的录音机，而要给孩子参与讨论、表达思想的空间。建立在这种平等和尊重基础上的沟通是十分有效的，成长在这种民主氛围家庭的孩子是十分幸运的。

在民主型家庭里，孩子通常喜欢发问，因为他的问题不会得到粗暴的呵斥，也不会得到漠视和疏忽。民主的父母会认真看待孩子的每一个提问，将之视为了解孩子心灵、启发孩子思维、帮助孩子成长的有效方式。

亲子之间营造民主型的家庭语言风格也应该注意三点：一是能够直接而平等地讨论各种问题；二是给予孩子充分发表意见的机会；

三是重视孩子在亲子沟通中的每一个提问。

◎ 书信型家庭语言风格

书信型家庭语言风格对于家庭营造和谐的亲子沟通氛围显得十分重要和必要。在教育孩子的过程中，父母常常遇到这样的情况：自己有一肚子话要对孩子讲，又不知道应该从哪里说起，尤其是遇到比较敏感的问题，更不知道该如何对孩子说。这时，你不妨用书信来告诉孩子。即使你和孩子近在咫尺，给孩子写信，通过书信来表达自己的心情，也不失为一种与孩子沟通的好方法。这是因为在书信交流过程中，父母在写信的时候大多平心静气，思路清晰，条理完整，是一种"润物细无声"的教育方式。

当孩子给父母回信的时候，他能够充分表达自己心中的喜怒哀乐，并且在写信的时候锻炼文字表达能力。

亲子之间营造书信型家庭语言风格还应该注意三点：一是父母在书信语言中应该要有真情，少教化，少讲大道理；二是如果孩子没有回复，不要询问"看信了吗"，因为这也许是孩子对你的默默接受；三是语言表达体现父母的真心，跟孩子交交心，说些自己的心里话。

在口头语言沟通中，有时孩子容易将父母的话当成耳边风，但如果写成文字，孩子就不会不注意了。这样不但容易触动孩子的思想，更容易营造和谐的亲子关系。

用低缓的声调和孩子说话

在和孩子沟通时，父母说话的语气是非常重要的。同样的话以不同的语气说出来，收到的效果是不一样的。命令、训斥的语气，会让孩子反感，不被接受；而亲切的声调和温和的语气，孩子则乐于接受和倾听。

心理学研究表明，一条信息的表达，语言占7%，声音占38%，表情占55%。教育孩子的内容再好，一"吼"也就吹了。因此，父母不妨坐下来，以促膝谈心的方式，用低缓的声调，心平气和地对孩子晓之以理，动之以情，导之以行。

◎ 低缓的声调能减轻孩子的"心理压力"

孩子是怕批评的，这是他们潜在的心理负担。一旦受到训斥，这种心理负担就会转化为心理压力。孩子就会怕惩罚，精神紧张，焦虑不安；加上自我保护的本能激起心理防御，以至于不敢亦不愿说出真心话。这时，倘若父母用和蔼的态度、低缓的声调开导、说服，孩子的心理上将得到安慰，紧张得以松弛，情绪趋向平稳，父母的说教便容易被接受。

◎ 低缓的声调能减弱乃至消除孩子的"逆反心理"

孩子调皮捣蛋，屡屡闯祸，必然常遭严责，他们可以说是在呵斥声中长大的。在这种孩子的心目中，父母是不可亲近的人，故而产生情绪对立，对父母的要求，往往一概拒绝。即使被迫接受，也是阳奉阴违，有时甚至反其道行之，故意挑起事端，闹恶作剧，借以报复、泄愤。如果父母降低批评的声调，心平气和地就事论事，不计前嫌，真情实意地帮助孩子纠正错误，孩子的戒备心理就会解除，进而接受教育。

◎ 用低缓的声调对话，可以缩短亲子的"心理距离"

对话是亲人之间交换思想、增进了解最常用的方式。低缓声调的交谈，像讲"悄悄话"一样，容易引起孩子跟父母说话的兴趣，使孩子觉得父母尊重自己，所讲在理。这样，父母在孩子心目中，才真正成为亲人。

在孩子闯祸的情况下，父母如果仍以低缓的声调心平气和地同孩子说话，进行说理教育，这不仅体现着父母的能耐，而且还体现着父母的涵养。有助于将孩子培养成"有教养的人"。

善用提问，让亲子沟通更有效

在对孩子的教育中，诱导永远都比强制更有效。通过多方式和多方位提问，父母不但能够了解孩子更多的信息，还可以使提问的过程同时成为一个教导的过程，在与孩子的一问一答中，举重若轻、自然而然地达到教育的目的。

下面是教育专家推荐的 10 种提问方式，希望对父母与孩子的沟通有用：

◎ 开放式提问

也就是敲门砖问话方式："你的观点是……"然后停下来等孩子说。其特点是，父母问孩子一句话，就够孩子说好长时间，父母需要的信息也就反馈回来了。

像这样的提问还有"那你觉得……""你感觉……""你以为……""你认为……""后来呢？""到底是怎么回事？""你是怎么想的？""你还有什么意见？"等等，这些都属于开放式。

◎ 关怀式提问

比如孩子说他很烦，并说了一大堆对学习和学校不满意的话。那你可以这样问他："你现在为什么烦恼？""你学习有什么困难？""你希望爸爸妈妈怎么帮助你？""你还有什么要求？"

◎ 接纳式提问

"你感到很伤心？""你是说你非常难过吗？""你现在想起来还是感到很气愤？"

◎ 差异式提问

"什么情况下你有快乐的感觉？什么情况下你不快乐？""什么时候你感觉学习没有劲头？"

◎ 疑点式提问

"你说根本没有希望是什么意思？""你指的是哪方面？""你是什么时候发现这种情况的？"

◎ 回忆式提问

"以前的情况如何？你上学期有这种感觉吗？"引发孩子对过去事情的反省或者是联系，便于引导到父母想要的结果上去。

当孩子对父母说了许多事和他的想法之后，父母可以说："你看我理解得对不对？你觉得是不是这么回事？"主要是为了确认，同时传递理解和关怀，理清谈话的内容。

◎ 选择式提问

"这件事情你是愿意和妈妈谈呢，还是和爸爸谈？""你看是自己复习呢，还是请一位家教帮助你复习？""这件事情你是自己向老师讲呢，还是妈妈去和老师说？""你是因为他不帮助你而生气，还是因为自己没有做好而自责？"这样问话的好处是，父母已经把孩子回答的答案圈定了，孩子大多会从中选择一个，不会提出否定的回答。

◎ 封闭式提问

如果父母想快速达到目标，就要学会问封闭性的提问。比如问："这样做对不对？"孩子就会对父母提出的建议和看法表示明确的赞成或反对。诸如"好不好？""是不是？""行不行？""你决定去不去？"这类的问话都属于封闭性的。封闭性提问在有足够说服把握的时候非常有用。谈到一定程度，父母觉得孩子会说"是""好""可以"时，及时提出这样的问题，他会很自然地答应按照父母的意愿做。这个时候要注意，如果孩子不是口服心服，结果就不会理想，还会有隐患存在。

◎ 抓关键词

"什么事情使你感到'要气死了'？""你怎么'没办法'？""你怎么认为'管得严'的？""为什么会'特别特别'着急？"

父母不管采用哪种问话方式，目的都是要从孩子那里得到自己想要的信息，也就是说每一种问话方式都有它的潜台词。但是不同的信息需要用不同的方式来获得，要想实现询问的目的，就要根据情况灵活采用不同的问话方式和问话内容。

Tips

　　一味地向孩子说教，并不能使孩子心服口服。孩子只有从心里赞同才能改进提高，而父母有技巧的提问就能产生这样的效果。

不要用命令的口气跟孩子讲话

不少父母总是持有这样的想法：我是孩子的父母，孩子就该听我的，我说了算。在与孩子讲话时，总是以命令的口气，让孩子做这做那。

实际上，父母的权威并不是靠命令和强制的力量形成的。命令和强制的结果只能够让孩子在表面上服从你，而在其内心深处是不服气的，甚至会产生严重的逆反心理。

下面来比较一下几组父母曾使用过的语言，也许会对你有所启示。

· 叫孩子起床时说："这么大了，每天睡得像死猪一样，难道你一点时间观念都没有？快起床！你迟到了我可不管！"如果改成："儿子，7点钟了，你是不是该起床了？妈妈也到点了，一会儿我可没有工夫叫你了。"顺便亲儿子一口。你感觉如何？

· 孩子不愿做家务时父母一着急就脱口而出："你怎么这样懒，专要人侍候，太不像话了！"换个说法："我最近工作很忙，身体有些吃不消，我知道你很心疼我，我想你愿意帮助妈妈做些事情，对吗？"

· 孩子看电视时间太长时轻轻地对他说："你花在看电视上的时间太多了，是不是调节一下？"而不是说："你如果读书像看电视一样就好了。"

　·孩子不想做功课时说："你不想做功课？为什么？发生了什么事情？是不是不会做？要不要我帮助你？"不应说："快去做作业，整天想着玩，将来能有什么出息？"

　·孩子坚持要买某件物品时你可以说："父母亲又不是开银行的，哪有那么多钱！"换个说法："我知道你很喜欢，但我们家目前经济状况还不容许，日后再想想办法好吗？"

　·孩子私自外出时你可以说："你没告诉我你去哪里，又没有按时回来，我很担心，弄得我饭都没有吃好。以后你去哪里，什么时间回家告诉我们好吗？免得我们惦记你。"不能说："别把家里当旅馆，想来就来，想走就走，没有一点规矩。"

　·孩子反驳你的时候，你可以说："你的意见和我们的不一样，我们可以再讨论。"而不是说："你的翅膀硬了，居然和父母顶嘴了，目无尊长，到底谁是老子？"

Tips

　俗话说：三句好话心头暖，三句恶语透心寒。同是一件事，父母的言语不同，得到的沟通效果就大不一样。

不要总是一味地责备孩子

大多数中国父母总是爱责备孩子，而不善于表扬。

有许多父母为纠正孩子的缺点，总是先情绪激昂没完没了地责备孩子。有的父母最初"因不责备就不改"而责备，后来因"即使责备也不改"而苦恼，最后又认为"不可救药"而对孩子放弃不管了。

一味地责备，不用说孩子，就连大人也会失去信心。这样下去，就会逐渐使孩子设法保护自己而产生反抗心理。

有人说："处于反抗期的孩子难以对付。"人本来就没有什么反抗期，但因孩子具有旺盛的生命力，若不给予正确引导，就会以"反抗"的形式表现出来。因此说，"反抗期"不是自然形成的，而是由父母方面培植起来的。

如果父母总责备孩子，任何孩子都会产生反抗的心理。正如能力法则所确定的那样，若给孩子以反复的刺激，就会使孩子逐渐形成"反抗"的能力。例如，常用烈性药物，细菌就会迅速产生抗药性，不久这种药就会对细菌完全不起作用。同样，对孩子越是一味地责备，其反抗心理就越强，最终父母还是以屈服于孩子而告终。

有人请教日本著名教育家铃木镇一说："请教给我好的责备方法。"铃木说："我没有那种好方法。"又有人说："现在孩子不听话，难道不责备就算好吗？"铃木认为即使不听话，也不能责备，只能真心实意地、正确地培养孩子的能力。

　　责备当然也是从爱孩子的角度出发的，父母为了责备往往采用令人可怕的脸色、声音或表情动作，会使孩子产生恐惧心理，经常责备孩子的父母不妨用摄像机把它录下来，自己亲眼看一看。会有何种感觉呢？大概心情是不舒畅的吧。

　　如果孩子感到恐惧可怕，即使怎样责备和说教也都听不进去了。尽管有时孩子停止做坏事，那也是因为他讨厌再次经受以前那种可怕的体验，而并不是他懂得了"这件事不能做"的道理。

　　父母责备孩子时，多少会有一些感情冲动，气血上升，这样就会缺乏冷静的头脑和客观的判断力。对于父母来说，首要的是要以宽大的胸怀和极大的热忱去培养孩子的能力。

　　孩子有许多幻想，其中隐藏着实现的可能性。为实现孩子发展的可能性，父母对孩子决不能指责。指责会打消孩子向往的欲望，就会剥夺孩子发展的可能性。

　　有许多家长和老师满不在乎地对孩子进行责备，甚至想通过刺激疗法使孩子面对现实，但孩子却不懂得这种意图。

　　家长对孩子的责备，有时会造成难以想象的不良影响，有些孩子受到父母的指责后就感觉断定了自己未来的命运，从此缺乏自信心和上进心。

　　父母对孩子的成长不应加以种种限制，而应该开辟他们向更高能力发展的可能的道路。不随便指责孩子是促进孩子发展的起码条件。

如果父母认为孩子的错误非责备不可，那么，也要注意以下三点。

◎ 不要伤害孩子的人格

父母必须肯定孩子的人格，采取适当的叱责方式。或许有些父母认为，孩子的性格尚未成熟，但实际上，孩子有他自己的感觉与立场。父母如果不能认清这一点的话，自然无法使孩子心服口服。

◎ 告诉孩子受责备的原因

父母必须让孩子了解为什么会遭到责骂，而如果充分说明之后，孩子即可反省改过的话，父母就不要严加追究。因为父母一意孤行，往往会伤及孩子，而造成不利的影响。

◎ 教会孩子避免重蹈覆辙

责备只是一种手段，而非目的。一味地责备，并没有真正的收益，所以父母应将自己的想法与做法告诉孩子，而且不加勉强地让孩子自行判断及决定取舍。

二　多多地倾听孩子内心的声音

　　父母要想和孩子沟通，就必须学会倾听。倾听是和孩子有效沟通的前提。父母学会了倾听孩子的心声，就等于拿到了开启孩子心灵之窗的"金钥匙"。不会或者不知道倾听的父母，也就不知道孩子的心里究竟在想什么，连孩子想什么都不知道，何谈沟通呢？

倾听是和孩子有效沟通的桥梁

　　倾听是人与人之间有效沟通的一种方法，其作用是能够让对方把心里的郁闷、压力等不良情绪发泄出来，从而心情舒畅、精神抖擞。

　　心理学研究证实：倾诉能减除心理压力，当人有了心理负担和问题的时候，有一个合适的倾听者是最好的解脱办法之一。

　　当父母在抱怨"孩子不愿意与我沟通""孩子总是把事情闷在心里"时，父母有没有想过，孩子为什么不愿意与你沟通。

　　当父母真诚地问孩子时，孩子会说："你不了解我，你们总是自顾自地讲大道理，从来不听我的想法！""我说什么都被否定，我还有什么可以向你们说的？"

Tips

　　父母要切记：孩子需要父母的关爱和引导，身处青春期的孩子更需要父母的理解和帮助，这不是优越的物质条件所能替代的。

　　事实上，每一个孩子都是愿意与父母沟通的，但是，亲子之间的沟通之门，往往被父母们在无意中关闭。请看下面的例子：

　　　　父母正在看电视或者做饭，儿子肖小鸣回来了，他高兴地跑到妈妈的身边："妈妈，妈妈，今天学校有一件很好玩的事情！"

　　　　"什么事情？你作业做完了没有？别整天疯疯癫癫的。"

　　　　"没见我正忙着吗？等会再说！"

　　　　"少说些破事，多说说你的成绩！"

　　　　父母总是这样不耐烦，肖小鸣一下子就蔫了。

　　　　吕方在学校里与同学打架了，这可不得了。班主任打电话找家长。当吕方放学回家的时候，一肚子怒火的父母开口就骂：

　　　　"你这个浑小子，整天不干好事，净干坏事！"

　　　　"你会不会干点人做的事呀？整天就知道打架！"

　　　　孩子嘟囔着："我，我……"他似乎想要说明打架的原因。

"我什么我，你还有什么好说的？"

"不用解释了，打架总是不好的！"

孩子一听，委屈得流下了眼泪。

"哭什么哭，打架你还有理了？"

"装得真像，打架的时候不哭，说你几句就哭！"

这时，吕方的内心不仅仅是委屈，进而产生了对父母的憎恨感。他觉得父母不信任他，不尊重他，觉得自己没人关爱。

想想，孩子们的话题那么多，一天到晚都在耳边萦绕，作为父母有没有真正听一听、悟一悟呢？许多聪明的父母就是注意了倾听，才知道了孩子一串串的心里话，因而使沟通变得容易。

与孩子进行沟通之前父母首先要倾听孩子的意见与看法，认真地倾听和了解孩子心中的真正想法，多方面综合地观察各种不同的见解后再提出自己的意见，这样做不但可以达到沟通的目的，孩子也容易对父母的沟通方式产生好印象，接受父母所说的话语，拉近彼此间的距离。

Tips

不知道该怎样倾听，也就不知道孩子究竟在想些什么，也就无法与孩子有效地沟通。作为父母，如果你重视和孩子的沟通，那么你就必须要学会倾听。

主动地倾听，叩开孩子的心扉

作为父母，对孩子要有主动倾听的意识，要表现出听的兴趣，并做出认真听的样子，同时，要把握好倾听的时机，有足够的耐心，并善于发现孩子的需求。

处于成长期的孩子，明辨是非的能力虽不是很强，但也有他们独特的思维方式。

主动倾听孩子倾诉，父母不仅可以走进孩子的心灵，而且能帮助孩子提高认识问题的能力。

父母主动地倾听孩子的心声需要做到以下几点。

◎ 认真聆听孩子讲话

跟孩子交流，父母有时候并不需要自己说，只需要主动地倾听孩子诉说，给予孩子关注、尊重和时间，那不仅是对孩子最有效的帮助，更有利于亲子之间的心灵沟通。

一个好的聆听者，必须集中注意力，选择空闲的时间和安静的地点，听孩子说话。在这段时间，用眼睛注视着孩子，表示是真心在与他接触。作为父母，每天都要为孩子提供与他们单独接触的机会，哪怕只用几分钟。比如父母可以对孩子说："我们一起散会儿步。"或者说："让我们到小房间去单独谈谈。"

◎ 利用有限的行为语言

行为语言也是父母向孩子传达信息的一种重要方式。许多父母仍然不知道怎样利用自己的行为向孩子表示"我在听呢，我感兴趣，我在注意"。有几种主要信号可以表示对孩子的注意：面向孩子；与孩子紧挨着坐；身体竖直或向孩子倾斜；眼睛互相接触，用慈爱的目光注视着孩子。此外，应当避免紧张，并表示兴趣，面部表情和声调都是和蔼的。

◎ 引导孩子准确地反映情感

一个极为有效的聆听技巧，是要使自己成为孩子感情的一面镜子。父母应用语言帮助孩子反映他们的感受，特别是幼小的孩子，不会说出他们的感受，不能像成人那样表达自己的感情。当父母认为孩子的感情是正常的、合理的，父母可以帮助他承认而不是否认这种感情。当消极的感情得到承认和表达后，将会摆脱其强烈性，为更积极的情绪和建设性的解决方法开辟道路。因此，父母对孩子的感情应作出有意识的努力。

用简单的语言鼓励孩子继续倾诉

在倾听孩子谈话的过程中，用简单的诸如"太好了！""真是这样吗？""我跟你想的一样！""你的想法太好了，请继续说！""我简直不敢相信！"等等话语来表示你的兴趣，可以鼓励孩子不断地诉说。

除此之外，父母对孩子所谈话题的兴趣还可以用参与谈话的方式传达，而且参与孩子的话题更有利于引导孩子。其实，父母也不能完全停留在单纯地倾听孩子诉说事情的经过和想法的层面上，还应帮助孩子解决事情中的问题。

◎ 直接询问法

值得注意的是，"询问"不等于"质问"或者"反问"。询问必须建立在父母接纳和认同孩子情感的基础上，然后心平气和地与孩子进行谈话。如："学校老师那样对你，我们也觉得很不公平。不过，你有没有想过，老师这样做的目的是什么啊？"

◎ 引导孩子站在别人的立场上考虑问题

孩子可能会把生活中所受到的一些委屈带回家跟父母倾诉，父母听孩子谈起这些事情时应该理解孩子的感受，同时，尽快引导孩子走出负面情感，以免产生更糟糕的生活和学习心态。如："老师没有全面了解情况就这样批评你，这的确不对。但老师也会犯错误，老师这样对你，只是出于对你的关心，而且以往他对你也很爱护，可能对你要求很高，看到你有小毛病就急了。你说呢？"

◎ 直接对孩子的行为进行评价

当孩子将生活中的一些事情和父母沟通时，父母在倾听的时候，有时可以直接对孩子的行为进行正面或者负面的评价，一方面表明父母的确在认真听他诉说的事情，另一方面表明父母对事情的看法和立场，引导孩子对事情进一步思考。应该注意的是，这种评价应该是对事不对人的，千万不能因为一点事就对小孩进行总体评价，否则将会给亲子沟通带来很大的障碍。如："我认为你这样做是对的，说明你已经长大了，学会了如何正确处理生活中的事情。爸爸为你感到骄傲。""这真是很有意思，后来又发生了什么啊？唉，要是爸爸当时在场就好啦！"

◎ 帮助孩子梳理他们所面临的问题

孩子在父母面前倾诉的时候，也许他们的确遇到了一些生活和学习中的困难，但由于年龄的原因，无法清楚地认识问题，因此父母在倾听孩子谈话时，可以适时帮助孩子梳理他们所面临的问题，使他们的思维更清晰，更快地解决问题。如："听你刚才这么说，妈妈能理解你现在的处境，你心里一定很难受，看来同学都误以为你向老师告状了，所以不理你，是吗？""妈妈不赞同你今天的做法，婷婷对你那样当然不对，使你很伤心，但你这样报复她，她也会很伤心的。也许你们之间有误会，既然你们是朋友，应该找个机会好好沟通一下，你觉得呢？"

对孩子的话题要真正地感兴趣

作为父母，关心孩子不应只是关心他的冷暖、吃住，还要关心他感兴趣的事。对孩子关心的话题产生了兴趣，沟通时就能找到一些共同的语言。

对孩子思想的关心更重于物质需要的满足。作为父母，送给孩子最好的赞美就是，让孩子知道他所说的每一句话，父母都在很认真、很有兴趣地听着。在生活中，我们作为说话者，在讲一件非常有意义的事情时，遇到的最扫兴的事就是听到听话的人说"我早就知道了"。这无形中是对我们表达的阻止，也是对方对我们的一种不尊重。在和孩子进行沟通时，父母可能没等孩子说上两句就说："知道了，早知道了！别耽误爸妈干活！"或者"快去做作业，就知道神侃这些无聊的事情！"或者"以后有空再和爸爸说，现在爸爸很忙！"孩子必定十分扫兴。

父母可以通过以下的方式表达自己对孩子所说的话感兴趣。

◎ 用眼睛"听"来传达你的兴趣

在孩子说自己事情的时候，父母应该用非常好奇的、有兴致的眼神看着他们，并且很自然地传递你的兴趣和愉悦。切忌东张西望，或者眼光游离不定地注视周围的事情。

◎ 采用适当的表情传达你的兴趣

也许父母会发现，不论孩子的话题多么简单，如果你想要表现出有兴趣的姿态，那么兴趣也会自然而然地产生出来。如果你总是沉着脸，一言不发，一副漫不经心的样子，就会令孩子十分失望。所以，在与孩子沟通的时候，当父母觉得不便用言语表达时，可以采用表情来反映自己的兴趣。比如：保持微笑，并常常做出吃惊的样子。孩子最爱吃惊，他们希望看到大人对自己所说的事情表现出吃惊的表情。在他们看来，能把大人吓住，说明自己很有本事。

有经验的父母会发现，不管孩子要跟你诉说的是一件如何简单的事情，只要你表现出认真倾听的样子，表现出你的兴趣，孩子就会兴致勃勃地讲下去，进而表达出自己的情感和思想，实现与父母的思想交流、情感沟通，慢慢地，良好的亲子沟通就建立起来了。

◎ 通过言语表情传达自己的兴趣

父母采用言语表情传达兴趣时，可以采用多种具体的方式。

　　·重述孩子刚才诉说过的话。如："你觉得小琴作为你的好朋友在同学面前说你的坏话，你无法理解。是吧？"

　　·揣测孩子诉说中的情绪与情感。如："妈妈看得出来，你谈到这些事情至今还很生气。"

　　·认同孩子的感受。如："看来你对自己的成绩很不满意。你觉得自己完全理解了课文，但因为粗心大意丢了不少分，这让你很自责。"

·启发孩子继续说下去。如："你就是因为这个事情生那么大的气啊？那么，你当时冲他们发火的时候，他们有什么反应啊？"言语表情还包括声音的语调、语速、节奏等。

父母在和孩子沟通的时候应该克服以下毛病：语调过高（给孩子以情绪冲动的印象）、语速过快（给孩子一种不耐烦的感觉）、声音微弱（给孩子一种不肯定的感觉）、粗声粗气（给孩子一种不明朗的感觉）等。

用足够的耐心倾听孩子说话

孩子在成长的过程中，各个阶段的基本需求不一样，这要求父母根据孩子各个年龄段来调整倾听的技巧。当孩子执着于各种各样的顽皮的行为和荒诞的谈话，以及孩子歪着脑袋瞪着大眼睛，言不达意地说话时，大人都需要耐心地倾听。当孩子步入青春期时，他们用许多新概念、新观点，涉及内容新而广的话语与父母谈话时，对父母来说同样需要倾听。所以，在亲子间沟通时，父母必需要耐心地倾听，要长期坚持不懈地倾听，只有这样，父母才能根据孩子各个阶段的基本需求予以满足，引导孩子健康成长。

陆国胜从小爱撒娇，对周围的事物特别敏感，自尊心很强，一旦被人奚落，马上就会哭鼻子。在学校一挨老师的批评，就难过得受不了。

陆国胜上小学二年级时，一天放学回来，噘着小嘴，一声不吭地看起了电视。妈妈问："国胜，你又看电视啦？作业做了没有？"小国胜一副很生气的样子大声嚷道："我不想做……真是狗屎一个。"妈妈心想：这是什么态度？怎么能这样对妈妈说话，我是关心你……妈妈刚想发火，马上又想到了倾听的重要，于是收起了以往的责骂，和蔼地对儿子说："你现在不想做家庭作业，是吗？"

陆国胜抬起头看着妈妈说："我们的数学老师真坏，昨天的练习给我打 60 分，今天在班上还批评了我。"

妈妈本想说："怎么得了 60 分，你的数学一向都不错啊！到底是怎么回事呢？这也就是为什么做家庭作业这么重要的缘故了。"但是妈妈忍住了，说："他真的给你打了 60 分吗？"

"是啊！他说我的作业太马虎，太乱，他看得头痛。其实我的答案都是正确的。"陆国胜一面说，一面又将眼睛瞟回到电视画面。"数学老师实在有点懒。"陆国胜接着说。

妈妈有点想要训孩子，但还是忍住了。她一面听陆国胜"控诉"，一面肯定地发出"嗯哼"之类的回答。最后她惊讶不已，陆国胜说："我想我还是要将作业写得整齐一点才对，我真苦！"

　　由此可以看出，在与孩子沟通的过程中不仅要倾听，而且还要耐心地倾听。

　　认真地倾听孩子诉说，就包含着父母对孩子的信任。所以，父母在倾听时一定要控制自己的情绪，要有耐心。耐心地倾听能更好地促进亲子沟通。

在倾听中分享孩子的喜怒哀乐

　　孩子在成长的过程中，总会遇到各种各样的烦恼和问题。他们迫切希望向自己信赖的人倾诉，排解自己的情绪，修复感情和心理创伤，重新用正常的心态迎接新的一天。但是，孩子的社会圈还比较窄，他们很难有这样的知己。虽然他们也会结交一些形影不离的朋友，可是，这些朋友同样不成熟，基本上不可能去宽容或抚慰他们受伤的心灵，甚至不能保守秘密。所以孩子本能地把父母作为倾诉的可靠对象。

　　当孩子把父母当作"知己"时，他们就渴望得到父母的理解。

如果孩子在父母面前尝试敞开心扉，却常常以失望告终，甚至在敞开心扉后却发现会受到进一步的伤害，孩子的心灵大门就会渐渐关闭。终有一天，他就不会再来"烦"父母了。因此，亲子有效沟通应该是倾听孩子的倾诉，一起分享孩子的喜怒哀乐，及时地排解孩子的困惑或烦恼，让孩子感受到父母是值得信赖的朋友，是可以倾诉的可靠对象，从而以正常的心态去面对生活中的人和事。

　　10 岁的洪浩海从学校回到家里，情绪很不好，他很想对妈妈说说自己心中的苦恼。"妈妈，"洪浩海开口对妈妈说，"大林今天不跟我玩，我想玩什么他偏不玩什么。"

　　"哦？"妈妈停下手中的活，她感到儿子遇到了什么麻烦，"你对大林有点生气？"

　　"对，我永远不想再和他一起玩了。他再不是我的好朋友了。"洪浩海感觉到妈妈对自己的烦恼很在意，觉得不再孤独，在学校憋了一个下午的"恼怒"和"愤恨"终于有机会可以一吐为快了。

　　"你太生气了吧？真的不想再见到他？"妈妈很耐心地等待洪浩海将所有的情绪都发泄出来。

　　"你说对了。可是如果他不是我的好朋友，那我就没有朋友一起玩了。"洪浩海似乎发现自己有些过分，并意识到自己因此也会受到损失。

　　"你不想和大林继续做朋友了吗？"妈妈很理解地看着洪浩海，期待他能找出更好的解决办法。

　　"我想我还得和他相处，但是我很难不恨他。"洪浩海似乎很矛盾。

"你想和他相处得好，但是你又很难不去恨他。"妈妈也认为这是个"棘手"的问题。洪浩海若有所思地说："过去我想干啥他总是依我，他现在不再听我的话了。"

"哦，你是说，大林不再总是你想干啥就依着你干了？"妈妈从洪浩海的谈话中知道了大林的变化。

"不啦……他不再听我的话了。"洪浩海表现出的已不再是难以控制的恼怒情绪，而是在琢磨事情的本身，自言自语地说，"可他更有趣了。"

"看样子你确实更喜欢他这样。"妈妈发现洪浩海也并非完全否认大林的改变。

"对，但是我很难不去指挥他。我已经习惯这样做了。如果偶尔让他做自己喜欢的事，或许我们就不会吵这么多架了，你认为是这样吗？"

"你是在想，如果你偶尔听听大林的话，情况就会有所改善。"

"对，或许会的，我试试看。"洪浩海非常自信地说，似乎为自己有能力解决这个大烦恼而欢欣鼓舞。

孩子把事实讲出来的初衷，就是从父母那里得到一种认可，表明自己有能力找到解决办法。孩子希望父母加盟让他感觉更有力量，更有把握。当父母复述孩子所说的话时，在某种程度上就是对他的想法稍加强调，但其实孩子常常已经考虑再三，甚至考虑得非常充分才向父母说出。所以，当孩子听到父母的复述时，很可能会以挑剔而不是自鸣得意的态度审视自己的观点，这就使事情变得非常积极。

要想亲子沟通效果更好，父母应该善于用积极的心态去倾听孩子的诉说。这样能使父母很快明白孩子的意图，从中分享孩子的喜怒哀乐，进而提高父母帮助孩子的效率。

父母应该倾听孩子的诉说，理解他的处境和烦恼，要相信孩子拥有自己解决问题的能力，尽量引导孩子自己去寻找解决一些简单问题的方法。

三 避免对孩子说话的不当方式

父母的话，无论是讲话的内容、讲话的口气、还是讲话的方式，都会对孩子的成长产生重要影响。身为父母，如果习惯于以不正确的方式对孩子说话，轻者会传染给孩子不文明的说话习惯，重者会压抑孩子的潜能发挥和人格发育，以至于造成难以弥补的教育缺憾。

不要随意打断孩子的诉说

每个人都有向他人倾诉的欲望，即使是刚刚学会说话的孩子也不例外。实际上，孩子倾诉的欲望比成人更强烈，因为他们希望得到家长的关注，得到家长的鼓励与帮助。

可是，如果孩子的倾诉总是被家长打断，想说的话说不出来，孩子会逐渐对家长失去倾诉的热情。有的孩子会找朋友倾诉，而有的孩子会把话憋在心里，有时还会自言自语，而如果孩子没有倾诉的机会，就会形成孤僻、内向、抑郁等不良的性格特征。

葛竞刚是某小学四年级的学生，有一个时期，老师发现葛竞刚变了，以前活泼开朗、上课积极发言的他，现在变得沉默寡言，总是一个人发呆，学习成绩也下降了。老师经过细心地了解和与葛竞刚耐心地谈话，才知道了葛竞刚变化的原因。

葛竞刚以前特别爱说话，每天放学回家后，都会把学校发生的趣事说给父母听，可葛竞刚的父亲是位车间工人，没什么文化，他把全部希望都寄托在葛竞刚身上，希望葛竞刚将来能考上大学，出人头地，因此，对葛竞刚的学习抓得特别紧。他觉得葛竞刚说这些话都没用，纯粹是浪费时间，因此葛竞刚说话时，父亲总是会打断他："别说了，光说废话，一点用也没有，你把这心思放在学习上多好，快去做作业！"

一次葛竞刚说班里发生的一件事，正说得兴高采烈时，父亲说："说了你多少次了，别谈这些废话，你还说，再记不住，看我不打你！"吓得葛竞刚一个字也不敢说，回到自己房间里去了。

葛竞刚以前也特别爱提问题，总爱问个"为什么"，开始时，父亲还回答，后来葛竞刚问得多了，父亲不耐烦了，"别问了，就你那么多事，问那么多干吗，去，学习去！"父亲把眼一瞪，葛竞刚不敢再说了，因为他知道父亲脾气不好，慢慢地，葛竞刚在家里话越来越少，每天放学都闷在自己的房间里，因为父亲不让他出去玩，渐渐地葛竞刚的性格也就变了。

一些父母总是喜欢随意打断孩子的诉说，不给孩子倾诉的机会，必然造成亲子之间沟通的障碍。这样，父母也就听不到孩子内心的想法，听不到孩子的心声。孩子出现了什么问题，父母也不会知道，问题也就得不到及时地解决，孩子的心理必然产生严重的问题。

Tips

　　聪明的父母，在孩子倾诉时，不会随意打断孩子的话，而会给孩子一个尽情倾诉的机会。这样家长才能更了解孩子，而且还会拉近家长与孩子之间的距离，使父母和孩子之间的感情更融洽。

不要急于纠正孩子出格的想法

　　一些父母总是喜欢自己的孩子在家听话，实际上就是强迫孩子顺从自己的意见，这不利于孩子的自我发展和独立创新意识的形成。

　　中国家长就是喜欢儿女听话，百依百顺，容不得孩子的反对意见。而现在时代在发展，再要求儿女们百依百顺是很难做到的，而且也不值得提倡。

　　孩子有不同的意见并不一定就是什么大不了的错误，更不是对大人的不敬。日常生活中的许多事情本来就可以这样做，也可以那样做。因此，当孩子提出反对意见时，即使不正确，父母也要先肯定其态度后再纠正其偏差。

作为父母，不应该轻易地责备孩子不听话。即使孩子的意见是错误的，也应该耐心地说明、解释。只有这样，才能使孩子成为一个有主见、有创造性的人。

孩子能够提自己的意见，具有很强的自主意识，是十分有益的。孩子反驳父母的意见并不是过分的，甚至是可喜的，它有利于培养孩子具有主见的创造性头脑。如果父母采取不认可孩子的主张的态度，就会妨碍孩子的自我发展。其结果就有可能培养出大家向右自己也跟着向右的随波逐流的孩子。

不要板着面孔和孩子说话

许多父母都认为，在孩子面前应该保持家长的威严，让孩子怕自己，这样孩子才会听话。因此，在和孩子沟通时，家长尤其是父亲，经常板着面孔和孩子说话。但这样真能达到家长所希望的效果吗？

教育专家指出：与孩子交谈时，父母如果没有亲切感，交流就不会有好的效果。因为面对严肃的父母，孩子是不可能把心里话吐露出来的。

大多数父母很少向自己的孩子透露自己的内心世界，他们只习惯于对孩子作道貌岸然的训导。

可是，反过来父母却要求孩子向自己透露一切，这种不平等的要求，根本不可能使交流取得良好的效果。

父母有没有注意到自己在和孩子交谈的时候所用的语调？孩子有时候会问："你是不是生气了？"家长绷着脸说："没有。"

然而，父母脸上的表情却分明写着你在生气、在愤怒。孩子是十分敏感的，他们能迅速地分辨出家长在讲话时所要表达的真正意思和态度。

有的家长也同意应该尊重孩子，和孩子交流，而不是训导。可是，事实上，板着面孔与孩子说话已成了他们的习惯，而家长是不可能用同样的表情和朋友交谈的。因此，既然认识到用这种表情与孩子谈话达不到沟通交流的目的，父母就应该改变自己。

家长只有以平等的、像和朋友谈话的口气来和孩子交谈，而不是板着面孔对孩子训话，才能够顺利地和自己的孩子交流思想。

除了板着面孔训导孩子的习惯外，有些家长态度是友好的，可是因为是灌输的方式，孩子并不能听进去。其实，教育光靠说教是不可能取得理想效果的。凡是希望孩子事事听自己的，要求"让他做什么"就做什么，而不是让孩子真正明白"为什么要这样做"的，都不可能收到理想的结果。

如果在孩子还非常小的时候，父母就有意识地培养和孩子之间的和谐的交流关系，交流的大门就会敞开。

真正的交流取决于父母是不是尊重自己的孩子，即使在家长与孩子的意见不统一的时候。孩子们总是无意识地观察，看父母说话时的表情，并把获得的结果输入到一个体系里，然后按照他们自己的结论做出相应的反应。孩子有自己的思想世界。

如果从小因为某些原因没有和家长生活在一起，或没有那种经常交流的习惯，那么孩子的这扇大门就有可能永远地关闭了。

父母常常以为孩子的思想就是不服从家长，反抗家长。家长劝孩子们抛弃他们的思想，而想着用自己的思想来改变和填充孩子们的头脑。

父母想塑造孩子的性格、头脑和品质，但孩子并不是一块非常软的橡皮泥，可以任父母去"捏"。

从孩子的角度来看，这就是专制。这并不表示父母不能影响和引导孩子，而是意味着父母不能强迫塑造孩子。

孩子的不听话和反抗，有时候就是因为对父母专制的对抗，并不是父母说得没有道理，或孩子没有听懂父母的道理。

每个孩子都有自己的创造性，他们都在努力地塑造自己。家长的责任是引导孩子，而不是教训孩子，父母在教训孩子时，请不要板着面孔，那样只会适得其反。

不可用粗暴的态度对孩子说话

有些家庭中，家长和孩子之间大叫大吵成为家常便饭。一旦孩子做错了事，父母常会用粗暴的态度对待孩子，在批评中会出现不恰当的用语，孩子的回答也难听。接着，父母便提高嗓门尖叫着威胁，或是采用高压的办法对孩子施加惩罚，于是情况往往就更糟了。

安宁和几个要好的同学约好了，周六晚上都去同学赵凡家商量一下升学考试的事情。吃过晚饭，他向爸爸请示时，爸爸却大声呵斥："晚上到哪儿去？不许去，给我在家里呆着！""他去和同学商量考试的事。"一旁的妈妈替安宁解释，可是爸爸仍然声色俱厉："升学的事还要和同学商量？用不着！开家长会的时候，我跟班主任已研究定了，你只要好好念书，考高分就成了。"爸爸教训完安宁，又转过脸来冲着妈妈喊："就是你纵容他，惯得简直不像话！听着，这个家，我是老子，我说了算数！"

安宁的心里难过极了，他不仅仅由于爸爸的阻拦而难过，更为爸爸的专横武断而难过。其实，他知道爸爸也是疼他的，爸爸每次出差也不忘给他带礼物回来。可是，安宁就是受不了爸爸对他自己事情的粗暴干涉。所以好多时候，他心里有事宁愿憋着，也不跟爸爸讲，免得又招爸爸的责骂。

上述案例中的安宁，因为爸爸的粗暴态度已经开始不愿与爸爸商量问题了。由此可见，粗暴只会使孩子对父母敬而远之。粗暴是人格修养不成熟、不完善的表现，也是不文明的表现。谁都不会喜欢专制的领导或同伴。子女对专制的父母同样也是反感的，尽管表面上可能表现得"唯命是从"。用粗暴的方式去解决问题往往把好事弄成坏事，成事不足，败事有余。事后不少父母也后悔莫及，但由于未下大决心克服这种毛病，后悔归后悔，再遇事依然故我，旧病复发，弄得孩子见父母如同老鼠见猫，把最有前途的性格都吓没了，何谈沟通交流，更何谈父母子女之爱？

> Tips
>
> 教育孩子需要通过不同的形式和内容，启迪和教育孩子的上进心，让孩子自然健康地发展。粗暴地强迫孩子，不仅妨碍父母与孩子和谐的交流，更会损害孩子的身心健康。

有的父母的粗暴不仅表现在训骂上，还动不动对孩子施之以棍棒。脾气倔强的孩子，宁肯挨打，也不愿屈服于家长的不合理要求。而这种性格很可能进一步激化暴躁父母的火气。

有知识、有修养的父母应该明白，粗暴的态度、压制的办法比孩子的错误性质要严重得多，也令人痛心得多。

切忌对孩子进行羞辱和讽刺

父母与孩子沟通不成功是很普遍的现象。许多父母往往过分重视孩子的缺点和错误，总是从负面评价孩子，对孩子进行羞辱和讽刺，对孩子缺乏应有的尊重。也有许多家长对孩子抱有很高的期望，希望孩子能学习好，考试达到自己的要求。当孩子做不到时，这些父母往往会对孩子进行羞辱和讽刺。

　　吴华期末考试，英语考了 75 分。这种成绩在班上算居于中等，可是他母亲却骂他：

　　"考不上 80 分，以后还有什么出息！"

　　甚至还说："你为什么不好好用功？是不是想当寄生虫？"

　　像这种责骂的方法，简直是毫无理性可言。孩子当然知道要用功，只是一时还无法达到父母要求的水准，父母怎能一生气就骂孩子"想当寄生虫"呢？这实在是太过分了！

　　或许这一类的父母认为，这样没什么大不了的，因为他们心想："儿子都念初中了，即使骂得重了点，也不会怎么样，何况，如果不这么骂，他根本就不当一回事。"可是，他们没有想到，孩子心里却觉得人格受到轻视。不管怎样，这种责骂的方式，显然非常不明智。孩子心中会想，就算别人都不了解，母亲总该站在自己这边，谁知道母亲却以分数来评判孩子的好坏，当然会使他们伤心失望了。

　　聪明的母亲应该在这种时候安慰孩子说："我知道你是因为考得不理想而难过，不过，你也已经很努力了，所以才能考到这种成绩，是不是？我觉得还可以嘛！"这样才会使孩子愿意与父母沟通，说出自己心里的感受。而父母则可以乘机鼓励孩子，使他有信心提高自己的学习成绩。

　　而像上述吴华的妈妈对吴华的辱骂，可以说只拿孩子当出气筒而已，不但无法达到鼓励孩子的目的，反而在孩子心中留下了不良的影响，使他反感、闹别扭，认为不管自己怎么用功，也考不到令母亲满意的分数。

四 父母在与孩子沟通中不应犯的错误

亲子沟通的主要目的，是父母与孩子达成思想上的一致。成功的亲子沟通，其共有的特征便是讲平等、讲民主、讲文明、讲尊重，而不是强迫孩子、命令孩子、限制孩子自由思考。做成功的父母，就必须要纠正亲子沟通中的错误方式。

不要强迫孩子做他不喜欢做的事

强迫孩子做事会导致他们用其他的方法来抗争。在一个充满强权的家庭里，很难想象会产生好的教育结果。

父母命令孩子做事情，或强迫他去做，是在显示家长的权利，而这种权利无非是身份、年龄或体力的差别，孩子当然无法在这些方面去与大人竞争，因而反抗心理与日俱增。其实，这并不意味着家长不能引导和影响孩子做正确的事情，只是意味着没有用心去寻找不同的、有效的方法。

狄娜已经 13 岁了，妈妈成功地说服狄娜洗自己换下来的衣服。两周过去，事情很顺利。每到周末狄娜就把自己的衣服洗净、叠好。然而有一个周末，妈妈发现狄娜的脏衣服堆了一堆却不去洗，就批评了她。接下来的一周，狄娜还是没有洗。她已有两星期没洗衣服，几乎没剩几件干净的衣服了。这次妈妈不再理会狄娜，因为狄娜即将没有衣服可换，看她怎么办。但脏衣服的堆积似乎并没有使狄娜为难，她从脏衣服里拣出一些稍微干净一点的继续穿，她心想："我就是不去洗那些衣服。"妈妈天天看着那些脏衣服，越来越恼火，终于有一天，她发了火，狠狠地批评了狄娜一顿，当着她的面扔掉了一些太脏的衣服。狄娜流下了眼泪，但暗自高兴，你把太脏的衣服扔掉了，我还不想要那些衣服呢，正合我心意。妈妈把她拉到洗衣机旁，强迫她把衣服洗了。"你记清楚了吗，下次记住及时洗衣服，否则没有衣服穿！"

其实，对这件事正确的处理方法是妈妈应该对狄娜洗不洗衣服不再提出意见。当妈妈将照料脏衣服的事交给狄娜管理时，就承认狄娜已足够大，可以自己照料这件事，不再需要妈妈操心，洗不洗衣服是狄娜自己的事。如果狄娜不洗，她就穿脏衣服。一个女孩子其实很小就开始爱打扮，爱干净，她懂得什么是美观漂亮，什么是邋遢肮脏。她不可能长期穿脏衣服，但她绝不希望妈妈干涉，一大堆脏衣服留到洗衣机旁是对妈妈干涉的抗议。

别让命令成为父母的习惯语言

现在,许多父母和孩子之间,从早到晚不过就是那么20多句话。比如:

> 一大早母亲就对孩子喊开了:"快点起来!到点了!快点!你动作快点行不行啊?上学来不及了你知道不知道?不吃饭怎么行?快吃!……"

> 孩子走出家门了,母亲还要追出去喊:"上课注意听讲!不要做小动作!放学早点回来!不要和那些坏孩子玩!……"

> 放学回来了一见面就问:"考了多少分?挨老师说没有?……"

> 晚饭后:"怎么还不写作业?还不快点去写,明天早上又起不来……"

> ……

教育专家把这些父母常常和孩子唠叨的话称为"正确的废话"和"无效的命令"。

这些"正确的废话"对孩子的作用是什么呢?不是父母期盼的听话,而是腻烦和逆反。到了腻烦透顶的时候,这些话便不再起任何作用，因而就成了"无效的命令"。

有些父母由于老是看到孩子的缺点，语言习惯已经变成了否定、指责、怀疑等，而自己却没有感觉，这是很可怕的现象。比如我们常常听到类似下面这样的话语。

　　·否定式：你能不能安静点？你能不能像点样子？不、不行……

　　·指责式：你怎么就不能快点学习呢？你怎么老玩呀？

　　·负标签：你太笨了！你怎么就不能学好呢？你是没有希望了！

　　·转折式：……但是／可是……

　　·怀疑式：你现在这个样子，让我怎么相信你？

以上这些制造沟通障碍的词汇和句子在家庭生活中随处可见，它们就是现在父母常常奇怪的为什么孩子没有自信心，为什么孩子不爱和我们说话的原因。

孩子的眼睛是明亮的，孩子的耳朵是机敏的，他们常常从成人的评价和态度上获取对与错的信息，慢慢形成自己的价值体系。有时成人不注意的事、不在意的话却会在孩子心目中留下深刻印象。因此，父母要随时留意自己的一言一行，千万不能给孩子纯洁的心灵上留下任何误解和阴影，这样才能让孩子有一个快乐的童年，才能让他们更健康地成长。

> Tips
>
> 　　父母强迫孩子并不能解决任何问题，只能带来更为强烈的对抗。真正的解决之道是通过与孩子沟通，从思想上引导孩子自觉主动地去做想让他做的事情。

 03

"成人主义"的父母无法与孩子交流

　　有一些父母，喜欢用完美无缺的标准，用高出孩子实际年龄的尺度要求孩子，这种持"成人主义"的父母总是对孩子挑剔指责过多，要求过高。他们认为孩子这也不行那也不行，而不是尊重他们，这样不光极大地打击了他们的积极性，而且使得孩子离父母远远的，有话也不愿意说，有情况也不报告，根本不与父母交流。

　　持"成人主义"的父母要求孩子像成人一样思考、理解和行动，这种不现实的希望打击孩子的自信心，使孩子认为自己微不足道，从而造成敌对情绪和反抗。

　　持"成人主义"的父母总是这样问孩子："你怎么总是这样？""你为什么从不……""你应该知道……""我告诉你多少次了……""你为什么总是孩子气？""你什么时候能长大？""你能不能……"

　　其实，如果这些父母站在孩子的角度想问题，抱着平等的态度与孩子交换看法，他们应该会这样说："我想听听你对这件事是怎样理解的？""让我看看是不是理解你所说的。"如果这些父母肯丢掉成年人的认识框架，从孩子的角度来理解他们的世界，并给予引导，就会使他们通过自己的经验学到知识。反之，这些父母站在成人的立场，用成人的思维方式为孩子分析问题指明方向，并命令他们如何去做，就会使他们怯于亲身去体验。这些父母坚持认为自己的知识渊博，滔滔不绝地向孩子们灌输，不失时机地纠正孩子的错误，就限制了孩子自己去积累知识的积极性。

父母用希望了解、希望倾听的态度与孩子们谈话，就是向孩子表示尊重他们的能力，尊重他们的独立性。父母应启发孩子运用自己的思考与能力去探索，尽管成年人对孩子所做的许多事情认为不尽如人意，但是也不能显出不屑一顾的样子。

若想与孩子很好地交流和沟通，父母必须对不同年龄孩子的心理、生理特点有所了解，特别是对孩子的所见所思及看人看事的角度有深刻体会。

多听听孩子的心声，了解孩子的感受，不但可增进亲子沟通的感情，也可以令孩子明白，当遇到任何烦恼时，回到家里都会得到父母的体谅和支持，这会增加孩子的安全感，而安全感可使孩子的创造力和理解力得到全面的发挥。

"领导式"家长会使孩子丧失独立意识

在不少家庭中，父母很像是领导，他们从不与孩子商量什么，凡事都用命令式。在教育孩子方面，他们更是惯用教导的口气。教育专家指出：父母过多地"教导"孩子，会使孩子习惯于服从，而丧失自我意识，缺乏独立意识，成为父母的附属物。

许多西方教育学者都认为，替孩子安排一切，是对他们积极性的最大打击，因为这样会使孩子失去实践的机会，这样做等于是在告诉他们，我们不相信他们的能力、勇气，我们使他们感到危机、不安全。因为安全感是建立在能够用自己的能力去处理问题的基础上的。为了使我们成人保持不可缺少的角色和形象，我们有意识或无意识地剥夺了孩子发展自己能力的权利。

西方教育中这种对孩子独立意志的重视，可以说是由来已久。经过近代教育观念的变革，人们注意考虑到孩子作为一个未成年人的能力范围和性格特点，但是放手让孩子去锻炼去挑战困难，以培养孩子自立自强的品质，这种传统意识并未遭到摒弃，很多家长和教师甚至认为这是比传授孩子知识更重要的职责。

美国著名作家亨利希·曼在孩提时代常常跟随父亲进城下乡，这让他从那时起就自上而下地认识了社会。他把这些归功于父亲有意地对他进行独立人格的塑造，增强他的自我意识。亨利希·曼回忆说，"和父亲一块儿走在街上，

是我礼节方面最严格的训练。我必须根据每个人的地位来
回答或招呼不同的对象。"

　　教育的目的不是传授或接纳已有的东西，而是要从人生命深处
唤起他沉睡的自我意识，这也是人作为个体的创造力、生命感、价
值感的觉醒。在教育的过程中不仅要从外部解放成长者，而且要解
放成长者的内部力量，这才是成功的教育。

　　现代美国文化教育学派以斯普朗格、鲍勒诺夫等人为代表，他
们提出了"唤醒"理论，对全世界教育学的发展影响深远。斯普朗
格有句名言："教育的核心是人格心灵的唤醒。"

　　美国哈佛大学素质教育专家主张：现代父母要做孩子的
顾问，而不要做孩子的领导。父母必须让孩子从"保姆式"
教育中解放出来。

不要为亲子之间的沟通设下绊脚石

常常有父母问这样一些问题："孩子不爱学习怎么办？""孩子不听话怎么办？"

问话的父母大多想要具体的方法。他们中的许多人都是在经历了对孩子的说教、训斥、打骂丝毫不起作用后，感到束手无策而来求助的。然而，没有任何一种具体的方法适用于每一个人，父母们真正需要的是观念上的转变。所以，父母们首先需要弄明白产生这些问题的原因是什么。如果不弄清楚原因，问题就无法真正得到解决。

孩子为什么不爱学习，为什么不听父母的话呢？

答案其实很简单，好多事情的发生和产生的结果都和父母对事情的认知和采取的态度有关系。

曾有一位母亲说："我什么方法都用过了，都不管用，真的是没办法。"那么，她都用了什么方法呢？她说她如何说教孩子，如何让孩子向邻居家的孩子学习，如何惩罚孩子，如何和孩子苦口婆心地谈话……原来她拿沟通绊脚石当方法，当然不管用了。

那么，到底什么是亲子沟通中的绊脚石呢？

父母往往是出于好意指责、否定孩子，却忽视了这样做孩子会不会接受，是不是真有好的作用。一般来讲，父母和孩子沟通的障碍，基本都是由于这些看上去是为了孩子好的负面话语和令孩子反感的态度造成的。而这些影响沟通效果的语言和态度就是"沟通绊脚石"。

沟通绊脚石在家庭教育中几乎是处处可见，下面是一些最普遍的。

◎ 抱怨

"你怎么就不知道努力呢？你学习这么不好自己就一点都不着急吗？世界上哪有你这样没有上进心的孩子呀？"

◎ 说教

"你应该好好学习，不该和学习不好的孩子玩。"

"你只有现在加倍努力，才能考一个好大学，将来才有可能找到一份好工作。"

◎ 唠叨

"儿子，妈妈怎么这么说你还是不懂呀？你在学校要听老师的话，不要惹老师生气，否则老师不喜欢你就麻烦了。在学校可千万不要和同学打架，要讲礼貌，讲卫生。给妈妈省点心啊……"

◎ 比较

"你看邻居家的小胖，学习好，又听话，年年被学校评为三好学生。你要好好向他学习。"

◎ 评价

"你知道你为什么学习成绩老上不去吗？就是因为你学习态度不端正，你就是不懂事，还不如幼儿园的孩子懂事！"

"我就知道你做这件事不能坚持到底，因为你就没有一件事情坚持到底过。"

◎ 责备

"你看，你不听我的，怎么样，又错了吧？所以俗话说'不听老人言，吃亏在眼前'。"

父母在说这些话时，一开口已经否定了孩子，引起了孩子的反感，所以无论他们说的正确与否，都难以得到孩子的接纳与认可。

每个人都希望获得他人的赞许和肯定，孩子也如此。当他们感到从父母那里得到的只会是负面评价时，就会关闭沟通的大门。

CHAPTER

SHUOFU
YU
QUANDAO
HAIZI
YAO
JIANGJIU
YISHU

第五章

说服与劝导
孩子要讲究艺术

父母与孩子的对话，最能体现家长的教育艺术。如何说服与劝导孩子，需要父母掌握以理服人、以情感人的语言表达方法。每个孩子在成长的过程中，都非常需要父母给予及时正确的引导。但这种引导不是把父母的意志强加给孩子，不能违背孩子的成长规律。善于艺术地运用说服教育的手段，站在孩子的角度开导孩子，是家长应有的家教礼仪。

一 掌握说服与劝导孩子的说话艺术

01

最好站在孩子的立场说话

许多父母认为说服和劝导孩子是件很难的事，其实不然。只要站在孩子的角度，从孩子的立场出发，事情便会变得简单。

如果能够站在孩子的立场上看问题，可以使父母的语气更加温和，策略更加合理，说服力更加有效。

尊重孩子的家长总是这样说："我想听听你对这件事的理解。""让我弄明白是不是理解你所说的。"

如果家长能够丢掉成年人的认识框架，从孩子的角度来理解他们的世界，并给予引导，家长就会使孩子通过自己的经验而听自己的话。

如果家长站在成人的立场，用成人的思维方式给孩子分析问题、指明方向，告诉他们应该怎样去做，就会使孩子怯于自己去体验，而最终使劝导失败。

如果家长坚持认为自己的知识渊博，滔滔不绝地给孩子们灌输知识，过于从成人的角度企图说服孩子，家长就限制了孩子自己去积累知识的机会。

所以，作为家长，最好站在孩子的立场说话。

不要以强权口吻让孩子服从

如果父母在与孩子交流时，只是一厢情愿、一意孤行，以为自己说的任何话语都是为了孩子好，而不去考虑孩子的想法和感受，把自己的愿望当成孩子的愿望，那么，往往事与愿违。而且强权的口吻虽可以暂时令孩子服从，但长久下去，必然会遭到孩子的反抗。

田齐的学习成绩很好，而且还是班干部，各方面都很优秀，他深知作为一个班干部每一件事情都要起到带头作用，所以，无论是学习还是纪律方面，他都能作出很好的表率。

一天，学校号召大家义务献血，为了让同学们踊跃响应，老师希望由各班的学生干部先加入献血的行列。

田齐回到家里，把这件事和妈妈说了，希望得到妈妈的支持。可是，田齐刚把话说完，妈妈就大声地拒绝了："不行！你怎么能去随便献血，你知道要吃多少营养品，你的血才能补回来吗？"

田齐向妈妈解释道："其实，正常人献一些血是不影响健康的。"

妈妈立刻反驳道："你怎么知道？你还在长身体的时候，决不能献血。知道吗？"

田齐还在和妈妈辩解道："老师希望班干部起带头作用，我可不能成为后进分子。"

妈妈不容争辩："后进就后进，你就和老师说你贫血。别和我争啦，按我说的做！"

田齐无可奈何地回到了自己的房间。

其实，在生活中，很多家长都像齐齐的妈妈一样，面对孩子的问题不能给出合理充分的原因。但为了让孩子打消念头，便使出最后的绝招："你是我生的，所以凡事必须都得听我的。"在这种强权教育下，孩子需要做的只是接受家长的指令，然后去执行就可以了。长期如此，孩子的独立精神、自主意识都成了父母意志的附庸。

父母应该分析孩子的真正需要，切不可压抑孩子的主体精神，而要用优美而符合情理的语言激发孩子的能力去实现他自己的需要，鼓励孩子独立思考和完成事情。

当孩子提出自己的想法和愿望时，父母要尊重并帮助他们实现意愿，并经常与孩子进行近距离的情感交流。如果孩子的想法或愿望合理，家长不妨放手让孩子去独立完成，并用语言加以鼓励。如果孩子的想法有悖于父母的意愿，父母也要把自己的理由确切地对孩子说出来，只有这样才能达到说服孩子的效果。

> Tips
>
> 　　父母切勿一厢情愿地为孩子的事情打算，不要把自己的意愿和需要当作孩子的意愿和需要。父母要记住，孩子不是傀儡，而是一个独立的人。

说服孩子不妨用一点暗示

　　在有效说服孩子之前，如果父母能以身作则，在行为上能给孩子一点暗示，那对于与孩子有效沟通是非常有利的。因为在体态语言暗示的同时，若能再以动作辅助，更容易使事情生动化、形象化，能使孩子感动，使他们的行动更加积极。

　　"握握手"就是一种辅以动作的奖励手段。从形态加以分类，它属于态度亲切的暗示方式。另外，一边摸孩子的头，一边纠正孩子的错误，往往给孩子带来一种受到依赖者关爱的喜悦，从而使孩子听你的话。其他像拍拍肩膀、抬高身体之类都是不错的暗示手段。

　　父母要知道，暗示的主要目的是使孩子能够自觉地进步。同时，这种暗示方法的时效非常重要，不要不经意地错过时机。另外，若要加强与孩子间的亲密关系，心灵的感觉非常重要，而这种心与心的连接点，就是这些亲切的鼓励。

　　作为父母，都应该掌握一定的语言暗示行为。

◎ 表达自己观点的时候

给孩子表达自己观点的机会非常重要。当然，他们的思考过程难免会有错误的时候。

父母若是一口就否决孩子的想法，那么，由于否定而产生的挫折感，往往会使孩子再也不肯继续想下去，或是再也不肯发言和回答问题，很显然，这将给父母说服孩子带来障碍。

所以，碰到这种情形，父母可以用比较婉转的方法，比如说："你的想法，我不太明白，你要不要再想一想，想清楚一点再告诉我好吗？"这样做不仅可以引导孩子从别的角度去思考，还可以提高他的自信心。

◎ 活动的时候

孩子除了在知识或行为上的良好表现可以得到奖励之外，父母更可利用孩子在休息、游戏或出神发呆的时候，走到他们旁边，用手拍拍他们，以表达一种关爱的意思。

当孩子们对于自己拿手的运动，不但表现好，并且专心投入、全力以赴时，父母应当把握机会，以一种明确清晰的方式给以鼓励性的暗示。同时，若能对孩子从开始到结束的整个过程予以正面的肯定，通常这种鼓励性的暗示会使孩子在练习过程中努力不懈，这样，当孩子遇到不顺心的事，或者拿不定主意的事时，父母对其进行劝导将很有效。

◎ 帮助父母做家务的时候

在家里，孩子经常会帮忙做一些轻松的家务事，只要他们卖力、认真，就值得父母赞美。当父母走过正在扫地的孩子身旁，尽管慷慨地说："这么干净，看起来真舒服！""辛苦你啦。"等。

> 奖励的语句无论多么简短，孩子们都将感受到无比的快乐。特别要注意的是，这种场合的暗示，父母一定要保持某种程度的理性。千万不要话说得抑扬顿挫，过于感情化，只要有诚意，孩子就能感受到。

◎ 在众人面前的时候

在个人面前或在多数人面前，或奖励的人是亲爱的父母或心中敬仰的老师，孩子所获得的喜悦感将随着层面的扩展而加大。父母可以多多给予孩子公开、当众的奖励。

值得注意的是，当众表扬孩子时，父母要避免内容贫乏而夸张的赞美，别让受夸奖的孩子非但喜悦感消失，还可能产生厌烦，进而产生逆反和逃避的心理。

艺术地运用说服教育的手段

在孩子出现错误的言行时，许多父母都非常重视对孩子进行说服教育。但是在方式方法上存在较大的差异，有的不厌其烦地对孩子进行过多的正面说教，有的则谩骂、训斥或讽刺挖苦。显然，这两种方法都难以取得良好的实际效果。那么怎样才能艺术地运用说服教育手段，从而取得满意的效果呢？

◎ 掌握好说服教育的时机和场合

选择恰当的时机和场合对孩子进行说服教育，是保证教育效果的先决条件。绝大多数孩子活泼好动，一天之中大部分时间处于动态，父母切忌采取"泼冷水"的方式，在孩子吃早餐、玩在兴头上或心情愉快的时候，近乎强制地、喋喋不休地对孩子某个缺点或错误进行说服教育，甚至当着别的孩子的面训斥孩子，这样会伤害孩子的自尊心，起不到应有的教育效果。应选择孩子与父母独处或情绪比较平静时进行说服教育。

◎ 使用好说服教育的语言

说服教育主要是运用言语对孩子进行教育，因此，在语言的使用上尤其应讲究艺术。

① 简明。由于孩子年龄小，认识能力、分析能力都比较低，因

此说理过程要简明扼要，切忌使用成人语言，灌输空泛而抽象的大道理，语言只要能使孩子分清是非、晓以利害即可。

② 准确。要确实弄清孩子发生过错的动机和事实，直截了当地指出孩子的错误言行、后果，用词要准确，对事实既不夸大，也不缩小，使孩子对自己所犯的错误有一个清晰的认识。

③ 适度。说服教育通常使用较多的批评语言，孩子的心理承受能力有限，所以语调要亲切，切忌过多使用定性语言，如"你是个坏孩子""爸爸妈妈再也不要你了"等。这样会刺激孩子，使孩子产生恐惧、怯懦等不良心理状态。

◎ 运用好说服教育的方法

说服教育的方法很多，如果运用不当，就会起到消极效果。

① 情景教育法。如果孩子出现错误言行，应当场指出，尤其对于幼小的孩子更应如此。同时也可利用周围的人和事，对孩子进行教育。

② 事例教育法。道理固然要讲，但由于孩子思维能力低，讲道理不宜过多，不要急于告诉孩子为什么，应主要讲清楚应该怎么做，这样更利于孩子接受。因此，说服教育既要注意以理服人，更要注重以典型事例教育孩子。

③ 娱乐教育法。寓教于乐，是幼儿教育的成功经验，父母应利用娱乐活动将教育内容贯穿其中，通过一首歌、一句话等对孩子进行心理暗示，启发孩子的正确思维，规范孩子的言行举止。

④ "标签"法。每个孩子都有优点，而且对自己的优点有点自负，希望得到父母的赏识。那么，如果父母能够利用这一特点，在

众人面前夸赞孩子，就可以使孩子愉快地接受教育。

⑤ "逆反"法。平时，有些调皮的孩子，常常难以听进父母的劝导，潜意识中总有个"不"字。但如果家长设法引导孩子，也能促使孩子去认识自己。

当然，说服孩子的方法远远不止这些。只要父母多动脑筋，从真正爱护、关心孩子的角度出发，去想方设法教育孩子，一定会收到事半功倍的效果。

有效说服孩子的三个技巧

如果家长对孩子的缺点进行"直言不讳"的批评，往往会给孩子咄咄逼人的感觉，使孩子难以接受，甚至因此引发对立情绪。相反，如果家长掌握说服孩子的方法与技巧，就能让孩子心悦诚服地接受家长的观点，收到事半功倍的教育效果。

◎ 赞美说服

俗话说："数子十过，不如赞子一长。"心理学研究告诉我们：每个人的内心都有自己渴望的"评价"，希望别人能了解，并给予赞美。所以，家长在说服孩子时，不妨用"放大镜"观察孩子言行中的闪光点，给孩子一个超过事实的美名，让孩子得到心理上的满足，找回自信，进而在较为愉快的情绪中接受家长的劝说，学会自律。

◎ 拆屋技巧

鲁迅先生说过："如果有人提议在房子墙壁上开个窗口，势必会遭到众人的反对，窗口肯定开不成。可是如果提议把房顶扒掉，众人则会相应退让，同意开个窗口。"孩子在判断事物时，总会无意地进行相互比较。所以，如果想让孩子接受某件事情，不妨用另一件更困难的事情作反衬，出于趋利避害、两难当中取其易的本能，孩子就会痛快接受家长想让他接受的事。

◎ 妙喻说服

在说服孩子的过程中，最令孩子反感的就是家长滔滔不绝地灌输一堆大道理，而故事对于孩子来说则是心中最爱。因此，家长不妨利用寓言故事来妙喻说理，使孩子冷静深思、豁然顿悟，达到说服孩子的目的。

Tips

　　孩子由于心理、生理、性格等方面的原因，他们总会犯些错误，这是难免的。对于犯了错误的孩子，最好的方法是说服。"说"而不"服"，是达不到教育的效果的。只有让孩子"心服"，才能使孩子真正认识到自己的错误，从而达到改正错误的目的。

二　不要强迫孩子听从自己的意见

父母有时要"少一只手"

父母的"过度保护"恰恰忽视了孩子健康人格的培养，也扼杀了孩子创造的灵性，降低了孩子自主发展的能力。父母有时要适当示弱，甚至"少一只手"。因为父母"少一只手"，孩子的手才会动起来。

有一位明智的母亲在谈到如何帮孩子改掉懒惰习惯的经验时，这样说道：

那时恰逢"非典"，女儿在家里自学。我将女儿的几件小脏衣服装到盆里，郑重地对女儿说："曦儿，你已经长成大姑娘了。从今往后，你自己的内衣袜子，还有夏天的薄衣服一律自己洗。我只帮你洗一些大的厚的衣服。听到了吗？"女儿面露难色，正待张口，我抢先夸起了她："我知道你其实很能干的，这么点小事算什么呀，更何况女儿长大了还让别人洗衣服，多不好意思呀！对吧？"

这话果然堵住了女儿的嘴。她略带无奈地说："行啊，你以为我不会洗啊，我早就会了。"

可女儿哪里想得起洗衣服的事来哟！怎么办？老催她也不是办法，还是两个字：不管。就这样，到了第三天晚上，女儿洗完澡，该换那件她最喜欢的睡衣了。她找了半天没找着，急了，问我帮她放哪儿啦，我说："不还在盆里放着没洗吗？"她一愣："哦？还有这事？我忘了。""赶快洗吧！再不洗连内裤也没得换了。"女儿往盆里接了些水，放上洗衣粉。为免寂寞，她将小盆端到客厅里，边看电视边洗起了衣服。那手法哪像洗衣服，简直像绣花。可女儿自称"我会"，拒绝让我教她。也好，先让她自己洗着吧，总比不动手强。终于洗完了，我还欣喜地夸了她几句。

因为打定主意，她的小事我要尽量少管，所以，女儿从学校带回来的东西我也没帮她清理。到底还是不放心，那天女儿有事出去了，我走进她的房间，打开那几个塑料袋一看，天哪，一包脏衣服竟然就这么放了快一个月了吧！

我只好帮她把这些衣服洗了，又放消毒药水浸泡。等她回来，我故意吓唬她："你的一包脏衣服又不及时拿出来洗，今天我打开一看，哎呀，都长小虫子了。"

"什么？长虫子了，什么样的虫子呀？"她最怕虫了，吓得大惊失色地问。

"就是那种爬呀爬的虫子。你想，脏衣服放这么长时间，当然要长虫子了，以后可千万要注意。"

她一拍脑门："哎呀，我都忘了这些衣服了，赶快丢掉！""我已经帮你洗过了，还消毒了。"女儿愣怔了半晌，自言自语地说："看来以后得及时洗，太可怕了。"

从此，女儿总是当天就把自己的衣服洗掉，再也不放了。到快开学的时候，她甚至有些得意地对我说："以后我的衣服都不用带回来了，我可以在学校自己洗。"我说："那对你来说是个大进步。不过，大衣服还是带回来洗吧。"

其实，我之所以要做个懒妈妈，不仅仅是想培养孩子的生活自理能力，关键是想借此培养她的责任心，让她明白照顾好自己管理好自己是她的责任。只有先培养起孩子对自己负责的意识，她将来才可能成为对家庭、家人和社会有责任心的人。在家庭当中，父母常常为孩子做得过多，尤其是母亲，很多事情都帮孩子去做。这样的结果有可能会让孩子变得能力低下。

在家教中，很多做母亲的实在太"勇敢"太"能干"，经常犯"爱心"的错误。现代心理、教育、社会科学的研究以及大量的调查表明：父母的"过度保护"恰恰忽视了孩子健康人格的教育和培养，也扼杀了孩子创造的灵性，窒息了孩子自主发展的精神。父母有时要适当示弱，这样会取得意想不到的效果。

有个家庭经常会进行郊游、爬山等活动。有次父母带儿子爬山的时候，碰到一个陡坡，儿子站在前面有点儿犹豫。这时妈妈对儿子说："儿子，妈妈有点不敢过去，你敢吗？"儿子闻言回过头看看妈妈，然后伸出他的手，小心翼翼地拉着妈妈走过了那个坡。实际上，妈妈知道他不会有什么危险，但是这种换位的感觉绝对不一样。走过去后，妈妈长叹一口气说："儿子，今天要不是你，我真的不敢过呢。"儿子马上得意地说："没有我在你就不敢吧。"而且隔几分钟说一次，可见他多么得意。这样对他实际上是一种很好的锻炼，让他意识到自己已经长大了，可以独立做事了，有时大人反倒需要他的帮助了，他也有责任为父母效力了。

　　有时候母亲适度地表现自己弱的一面，孩子反而能更快地成长，这是一种智慧的母爱。有时妈妈太勤快了，孩子就懒了。要是妈妈懒点呢？

不要总是要求孩子绝对服从自己

　　许多家长在与孩子交谈时，总是用训导的口气，要求孩子做事情时，更是喜爱采用命令的方式。这种家长与孩子的关系，是统治与被统治的关系，压迫与被压迫的关系，他们对待孩子，往往只考虑自己的权威，很少考虑孩子的想法。他们的目的，是希望孩子绝对地服从自己，并且孩子的一切都要按自己的要求做。这种亲子关系，是绝对谈不上沟通与交流的。这种家庭的孩子，心理发展总会出现这样那样的问题。

生活中，我们常听到父亲这样对孩子说："爸爸叫你怎样你就怎样！"这种话无非是告诉孩子：家里我说了算，一切以我的喜好为准则。

父母不允许孩子做的事，大都是有道理有理由的，可是不讲道理的也大有人在。但是对孩子，无论是在什么情况下，用粗暴的语言、态度只会伤害孩子的自尊心，父母若能注意在童年保护、培养孩子的自尊心，那将使孩子的一生受益无穷。因为一个有自尊心的人会尊重别人，也会爱护自己，充实自己；一个自尊自爱的人才会对社会有贡献，对别人有爱心。

Tips

　　父母与孩子之间的谈话应自由自在，让孩子能够任意发挥，这样能缓解孩子的紧张情绪与精神压力，诉说自己的"忧虑"与"苦恼"，减轻逆反心理。

"孩子有什么自尊？他们什么也不懂！"有些家长会这么以为，觉得孩子不懂，怎么讲道理也是白搭，不如命令式明确、干脆。而事实上，只有3岁以前的小孩由于心智发展程度所限，一般难以明白道理，父母可以告诉孩子"这样做不对""应该这么做"，同时伴以相应的表情、手势、语气，使孩子从父母的表情中察觉什么该做，什么不该做。而3岁以后的孩子，心智的发展已可明白是非。这时，父母在教育孩子时，必须讲清道理，即使是批评，也要用温和的态度指出其错误之处，并指示他正确的做法。

有些父母看见小孩在与小朋友交往时，不论一时打得多么不可开交，过一会又亲密无间，便产生误解，以为孩子心思简单，事情一过就忘，因此觉得训斥孩子无甚大碍，反正他也不会往心里去。

其实，孩子心思既敏感又很脆弱，且极易受到伤害。他很清楚内外之别，孩子一般不会计较小朋友之间的言行，对父母的言行举动却很在意很重视。假若做父母的一味不尊重孩子，动辄训斥孩子，而不说明道理，或者明知自己无理，也绝不向孩子道歉，反而执意要孩子按自己的想法去做。重压之下的孩子口服心不服，长此以往，孩子会产生强烈的逆反心理，父母说什么他都不爱听，不愿做，脾气倔强；或者被吓得畏畏缩缩，服服帖帖，凡事不敢有主张，只是唯父母马首是瞻。逆反的孩子必然我行我素，错误加身，而畏畏缩缩的孩子永远只会是孩子，没有自己的个性，这些孩子都无从谈起个人事业的发展。只有自尊自信的人才会尽力去实现自己的理想，才无须去奉承迎合他人，他可以面对成就而不骄傲，也可面对失败、挫折或者别人的讥讽、嘲弄而不失去自信，逐步迎来人生的坦途。

要尊重孩子的意见

懂得尊重自己的人，也会懂得尊重别人，这包括尊重自己的孩子在内。

一个家庭如果没有意见冲突，不是一种正常的现象。

当父母和孩子意见相左的时候，父母越想说服孩子，可能会令孩子越加反抗。如果父母无法令孩子屈服，而采用强迫性的方式令孩子顺从的话，就只会破坏相互的感情，从而阻隔了亲子沟通的通道。有时孩子会表面顺从，但极可能阳奉阴违，因为孩子心中根本不服。

孩子是一个热切的探险者，有太多事情尚待学习，在许多事情上，父母和他都会有不同的看法。不过，经验会使父母发现如何去处理与孩子的那些争论、激愤、失望和快乐，而父母将会觉得，这一切都是有代价的。

父母要培养孩子在家里可以自由发表意见的习惯，在民主自由气氛浓厚的家庭，孩子可以按照自己的意愿去做，可以随时抒发他对家庭或家人的感受，包括说出不喜欢父母的话。例如：

"我讨厌爸爸，他上个星期日就不肯起床和我们一起到公园去玩。"

"我不喜欢和你们上街，每次我要到快餐店那里吃薯条，妈妈总是禁止我。"

　　让孩子说出心中的感受，透过或大或小的冲突与对立，使其学会如何面对未来的种种困难与挑战。虽然，有时孩子可能会带给父母或多或少的麻烦，但父母仍应作出最大的忍耐与宽容，听听孩子的解释或理由，如果是无法做到的，可以向孩子说出原因和困难的所在。假若可以办得到，在可能范围内，也需要尊重孩子的意见，接受他的要求。

　　现今不少父母喜欢在孩子课余时间里，送他们去学习钢琴、绘画、书法、柔道等课程。许多时候，父母只是按照自己的兴趣行事，或有一种自己过去没有机会学到，如今希望在孩子身上获得补偿的心理，作为选取孩子课余教育的准则。

　　其实，这些课余教育只是父母的意愿，未必是孩子愿意学习的技艺，父母在决定之前，不妨先听听孩子的意见，千万别强迫他们去学习自己没有兴趣的技艺，否则会破坏他们以后学习的信心。

　　父母需要清楚地认识到，孩子学习哪一种技艺并不重要，重要的是孩子是不是健康、快乐，因为这是日后他们能否发挥才能的关键。

Tips

　　父母强迫孩子并不能解决任何问题，只能带来孩子更为强烈的对抗。真正的解决之道是通过与孩子沟通，从思想上引导孩子自觉主动地去做想让他做的事情。

父母有错时，也要勇于向孩子道歉

　　为人父母者应该懂得：道歉不仅是公共场所使用的外交辞令，在自己家庭里也是必不可少的言语习惯。当父母因误解孩子的言行而指责孩子，当父母不小心使孩子受到伤害时等，都应该向孩子道歉。父母向孩子道歉，孩子就会意识到自己受到了父母的尊重，而且自己同样要尊重父母、信任父母。所以，学会向孩子道歉也是亲子间实现有效沟通不可缺少的途径。

　　学会向孩子道歉并非是什么没有面子的事，恰恰相反，孩子在父母的道歉中能汲取很多有用的东西，这些东西对孩子的成长大有裨益。当孩子的言行"闯祸"后，一些父母一时感情冲动，往往会对孩子进行不当的、过重的批评或惩罚。事后父母发现自己确实有错时往往感到后悔，这时父母应该勇于真诚地向孩子道歉。用自己的行动补救过失，取得孩子的谅解和信任，这对引导孩子更好地走自己的路有百利而无一害。父母没有道歉观念，导致的直接结果是亲子关系真正意义上的生疏。

　　一天，周勇的妈妈刚下班回到家，打开防盗门，就听到"砰"的一声，她急忙放下手中的东西跑到客厅一看，5 岁的儿子正在捡地上的碎瓦片。家里那套紫砂茶具中的一只杯子摔碎在地上。妈妈十分生气："你在家干什么，忙个不停？"她对着儿子大吼大叫。儿子的眼里满是泪水。

"哭什么哭，就知道哭！"妈妈烦躁地说。"妈妈，我知道天气很热，你回来要喝水，我想倒杯水凉着等你回来喝。"周勇抽泣着说。妈妈的火气一下消了，她把碎瓦片收拾干净，和儿子一起坐在沙发上。儿子说："我太矮了，才摔坏了杯子。"妈妈听了非常感动，亲了亲儿子说："好了好了，看妈妈买了什么给你。"

周勇的妈妈对孩子的行为没有明确表态，儿子是对是错都没有说，只是说"看妈妈买了些什么给你"，这是不妥当的。这位母亲应该对孩子说"对不起，是妈妈错怪了你"等类似的话，可她偏偏没有说，可见这位母亲的脑海里根本就没有道歉意识。

在现在的家庭教育中，家长如果从不向孩子承认自己的缺点、过失，孩子就会产生"父母不是永远正确而实际上总是出错"的观念。久而久之，对父母正确的教诲，孩子也会置之脑后。如果父母做错事后，能郑重地向孩子认错、道歉，孩子就会懂得承认错误并不是一件可耻的事，还会提高分辨是非的能力，尝到原谅别人的滋味。故此，为了化解孩子青春期的逆反心理，父母不妨做到以下两点。

◎ 勇于向孩子道歉

有的父母认为向孩子认错、道歉，会丢面子，失去自己的权威。其实不然，父母学会向孩子"道歉"，对教育子女大有裨益。父母在家庭教育中出现过失、错误时，理当采取明智之举，勇于向孩子道歉。

◎ 要为孩子做榜样

如果父母有了错误，能主动向孩子道歉，那么当孩子有错误时，他也会以父母为榜样，主动承认错误，主动道歉。

"惨胜"还真不如"巧败"

在与孩子产生矛盾时，家长是利用自己的家长身份压服子女呢，还是暂时退让，待双方冷静下来再解决矛盾呢？正确的答案理应是后者。一位不知名的家长说，前者虽胜实败，可称为"惨胜"；后者虽败犹胜，可称为"巧败"。

家庭中常常会出现这样的情景：家长与子女为争执一点事儿，闹得不可开交。当家长的认为自己见识多，身份高，极力想维护自己的权威地位，不能让步，而子女又根据自己的观察判断，认定自己的看法没错。这样互不相让，结果导致亲子关系闹得很僵。虽然最终家长往往能压服子女，但却伤了孩子的自尊心，也伤了两代人之间的感情。

家长似乎胜利了，但在孩子心目中的形象却比原来黯淡得多了。这样的胜利代价太大了，是"惨胜"，这样的"惨胜"还真不如"巧败"。

何谓"巧败"呢？"三十六计"中，最后一计是"走"，即撤退，还把它称为"上计"。在形势于己不利，或即使仍有利（比如家长还能压服孩子），但相持下去的结果将会违背自己的初衷时，及时撤出是为上策。这就叫"巧败"。

"惨胜"不如"巧败"，许多家长大概也是在多少次"惨胜"之后才悟出的道理吧。但无论如何，早一天悟出这个道理，对家长和子女双方，都是好事。

具体地说，父母应如何取得"巧败"呢？

◎ 要保持冷静

当孩子与家长高声争论，家长突然沉默，孩子常常也会安静下来；相反，若孩子高声家长也高声，这样很容易导致无谓的争吵，孩子在气头上也不愿意听任何的劝告。

◎ 巧用反面激将

当家长与孩子相持不下时，有时可故意使用反面语，使孩子改变初衷。比如，想让孩子做完功课再玩，孩子却坚持玩完再做功课，这时赌气地说一句："你去玩吧，我不管你了。"家长的"让步"会使孩子感到不安，使他放弃原来的计划。

◎ 和孩子协商解决

任何事情都可能有多种解决办法，如果认为孩子的做法不妥，而孩子又不愿接受家长的方法时，可要求孩子一起来寻找双方都能接受的方法。矛盾的双方都可以提出解决办法，然后一起评价这些方法，选择其中最佳的一种。

6

CHAPTER

PIPING
YU
ZEBEI
HAIZI
YAO
JIANGJIU
FANGFA

第六章

批评与责备
孩子要讲究方法

批评与责备，是家长纠正孩子错误必需的教育方式。批评要达到目的，责备要能让孩子改过，就需要父母讲究方式方法，在语言上应管住自己的嘴，在分寸上应把握好"度"。不能当孩子犯了错之后压不住火而口不择言，更不能以辱骂、嘲笑、人格攻击的方式责备孩子。家教的实践证明：不讲方法、不懂礼仪地批评孩子，往往会给孩子造成严重的心理伤害，这对孩子的人格形成与人生成长都会造成不利的影响。每个家长务必要注意。

一 把握批评与责备孩子的分寸

任何事情都要有个"度"，不能太温和，也不能过火。批评教育孩子也应该有分寸，否则就不能达到目的。

批评孩子需要讲究方式方法

父母批评孩子要想真正达到批评的目的，则需要掌握一定的方式方法。

美国心理医学博士马文·西尔沃曼提醒父母，在以下五种情况下不应该对孩子进行批评：当孩子同你讨论某种个人问题的时候；当孩子看上去非常激动而又没有说到底是怎么回事的时候；当孩子为某件事而兴高采烈的时候；当孩子需要人帮助他作出决定的时候；当父母想让孩子解释或同自己讨论某件事的时候。

同时父母在批评孩子时还需要注意以下两点。

◎ 不要当着众人的面批评孩子

明智的父母要学会在众人面前称赞孩子。而在孩子遇到问题或犯了错误的时候，则在家里单独进行教育。

英国作家洛克说过："对儿童进行批评时，要在私下里执行；对儿童的赞扬，则应当着众人的面进行。儿童受到赞扬后，经过大家的一番传播，意义会很大，他会以之为骄傲和目标，并在以后的岁月里更加努力去获得更大的赞扬。而当众宣布他的过失，会使他无地自容，会使他失望，因而父母制裁他的工具也就没有了。"

其实，父母越不宣扬子女的过错，则子女对自己的名誉就越看重，因而会更小心地维护别人对自己的好评。如果父母当众宣布他们的过失，使他们无地自容，他们越觉得自己的名誉已受到打击，维护自己名誉的心思也就越淡薄。

父母经常絮叨孩子的过失，会有损孩子的自尊心，这是不正确的。在他人面前揭露孩子短处的父母，不是合格的父母。孩子是有自尊心的，当着众人的面批评孩子往往会让他觉得失去面子，从而产生抵触父母的心理。

◎ 不要因孩子失败而批评孩子

孩子想将事情做好却失败时，父母应本着体贴的心情去安慰孩子。由于孩子本身在面对失败时已感觉到心灵受到创伤，如果父母在这时不能了解孩子，反而加以责骂，那就表示父母不信任孩子的善意，如此长久下去，孩子会将一切都解释为恶意。

如果当孩子失败时，父母能告诉他："我知道你不是故意这样的，真是太可惜了！"如此，孩子就能辨别故意与无意的差距，也能了解什么事该生气，什么事不该生气了。

父母应该多信任孩子的善意，以鼓励其以善意的态度来与别的孩子接触。这样，孩子在做事和学习过程中，就不会因为失败而产生挫折感，而丧失面对困难的勇气和斗志。

父母要掌握批评孩子的艺术

父母在批评孩子的过程中，都希望孩子学会辨别是非，区分哪些事情是好的、哪些事情是坏的，从而发扬自己的优点，克服自己的缺点。所以，批评孩子时，父母既要让孩子意识并改正自己的缺点，又不伤害孩子自尊心，这就需要父母掌握言语的技巧。

批评孩子是需要讲究艺术的，特别是讲究语言表达的艺术。

刘涛和许多孩子一样，晚上一看电视就什么都忘了，功课不想做，觉也不想睡。可妈妈没有像许多父母一样，说出管教孩子时的三大用语："去做功课""早点休息""把电视关掉"。而是每次都用不同的言语去叫孩子做这三件事。比如，叫孩子"早点休息"改为"现在几点了？你明天早晨几点起床"或"这时候可能所有的小孩都睡了吧"等。每当妈妈暗示时，刘涛马上就会按妈妈的意图去做。

刘涛的妈妈懂得责备和要求一旦变得单调，就会完全失去效果。显然，刘涛的母亲非常高明，巧妙地运用语言技巧达到了要求孩子先去做功课后玩的目的，没有直接批评孩子，让孩子感受到自己的不对，同时孩子还会感激母亲给他留下面子。

父母的批评不能伤害孩子的自我形象，因此，批评必须讲究艺术，必须谨慎地运用语言，不适宜的责备语言会产生严重的负面作用。

美国著名的儿童学家基诺尔曾分门别类地将10种典型的伤害性语言列举出来，以此提醒父母们在教育孩子时注意自己的语言。

恶言——类似"傻瓜、说谎、没用的东西。"

侮辱——类似"你简直是个废物。"

责备——类似"你又做错事，简直坏透了。"

压制——类似"住嘴！你怎么可以不听我的话？"

强迫——类似"我说不行就不行！"

威胁——类似"我再也不管你了，你想走就走吧！"

哀求——类似"我的小少爷，求求你不要这么做好吗？"

抱怨——类似"你竟然做出这样的事，太让我伤心了。"

贿赂——类似"你要是都考满分，暑假带你去旅游。你要是考不好，那就在家里待着吧，哪也不许去。"

讽刺——类似"你可真替爸妈争光啊！居然可以考出40分的成绩。"

为了让父母们在教育孩子时不要使用上述语言，基诺尔对家长们提出了如下几点建设性的意见，对于父母有效批评孩子有一定帮助。

① 避免用否定性、伤害性的语言，不要挖苦、嘲讽。

② 切不可以偏概全，孩子一件事没做好，就说他"什么也不会做"。

③ 不要翻案揭老底，孩子犯了错，就把他过去所有的错误一一数落，这会引起孩子的极度反感。

④ 不要夸大孩子的错误，特别不要在外人面前指斥、宣扬孩子的错误。

⑤ 不要在情绪激昂时批评孩子，这时很容易失去分寸。伤害了孩子后悔都来不及。

⑥ 不可用自己不良的思想、习惯来要求孩子，批评孩子正确的行为。

要给孩子第一次犯错的机会

当孩子第一次犯错误后，父母只需要告诉他为什么错了，怎么做是对的就行了。在指导的时候，对孩子保持尊重的态度，耐心细致地讲解错误的原因及后果，善解人意的情绪能让孩子不会被失败的阴影束缚。

如果孩子再次犯了类似的错误，也许是孩子还不太熟悉正确的方法，也许是教训不够深刻。父母首先应该对他的原因进行分析，如果是前者的话，就要讲清楚、说明白，再给他机会去做；如果是后者的话，才应该对他作适当的批评。

在孩子开始接触新的事物的时候，由于认识不深，准备不足，行为表现不太合理，出了偏差和错误也在情理之中。这个时候，需要的是父母的帮助，而不是批评。

第一次错了可以理解，第二次错了可以谅解，再错就必须要批评了。这个时候进行批评是合理的。错误频频出现就是由于态度的问题，所以批评是针对态度，不是针对事情本身；批评是针对重犯和再犯的，要给孩子第一次改错的机会。但是家长往往表现在首犯时就批评，这会让孩子感觉很委屈。

那么，究竟怎样批评才最有效果呢？让我们举个案例来说明。

初中的男孩很爱玩电子游戏，经常逃课，为此很影响功课，家长非常着急，那么该怎么办呢？

初中男孩一般自制力比较差，对后果预见不足，所以在有可能的时候就想跑出去玩游戏。当出现这种情况后，家长应该耐心说明这样做的后果，还要表达对孩子的信任和期望。重要的是要孩子明白这样的做法有什么不当之处。而切不可大发雷霆，动辄打骂。英国哲学家、教育家约翰·洛克说的"说理是对待儿童的真正办法"，就是这个意思。

可是如果孩子又遇到能出去玩游戏的机会，禁不住诱惑，又偷着跑出去玩游戏时，家长就应该严厉告诉他这样做是不行的。鉴于他再一次出现了这样的错误，就要和孩子约定一个方案，并要求孩子作保证，并表示如果再犯，他将接受什么样的惩罚。当然是双方都可以接受的办法。同样不可大发雷霆，动辄打骂。

在这里要特别说明的是，孩子要比大人更讲"义气"。在这样的信任和尊重下，孩子很难再犯，即使想玩，事先也会与家长打招呼的。

当然孩子毕竟是孩子，他又犯错的可能性很高。此时家长有两种选择，一是保持沉默，并让他明白你已经知道发生的一切，并告诉他你保留采取惩罚的权利，但现在还不打算实施；或是根据约定，让孩子践诺，接受惩罚，并再次说出如果再犯，他将接受什么样的惩罚。切不可大发雷霆，动辄打骂。

通过以上的做法，孩子哪里好意思再犯错。孩子的错误更多是由于家长教化不当造成的，因为错误和失败，孩子已经受到了惩罚，已经感受到痛苦和不幸了，做家长的不找自己的原因，怎么还好意思向孩子发火？所以出了问题后，家长的反应和表现非常重要，如果更多的是主观愿望的责备，情绪失控、生气和打骂，那么是很失礼和无能的，是缺乏风度、缺乏理解、缺乏信任、缺乏教育能力的表现，这样的做法只会让孩子看不起。

所以选择批评还是对话和交流，不过是更偏重于对错误的思想和行动的思索和检查，为了解决问题和避免错误再次发生，批评也是一场有约定和要求的对话。

当孩子犯了错误之后，家长应该先想想自己有什么不对，自己有什么做得不足。所以建议家长在批评孩子之前，首先检讨一下自己。

有很多家长在做了这种尝试后认为，当对孩子说了"对不起"后，在表达了对孩子的内疚后，批评教育的效果特别好，甚至母子抱头大哭，那一瞬间，所有的不快和隔阂也都被这泪水冲洗掉了。只要家长说得在理，那时候，孩子想不听家长的话也难。

不要在别人面前批评孩子的缺点

有的家长在自己的孩子受人赞美时，往往忍不住提出孩子的缺点："可是，这孩子已上了小学，一样会撒娇，真令人头痛。""他是独生子所以比较任性。"以此作一番谦虚的托辞，其中又包含了借着这句话，使孩子更加发奋图强的意思在内。但是，这种"谦虚"的美德，不仅不能使孩子上进努力，甚至会让孩子变坏。

因为，孩子到了一个相当年龄之时，就会察觉到自己的缺点，并以此缺点为羞耻，尤其上了小学之后，对于自己所知悉的缺点，更有一种强烈的心理："家人知道还没关系，却绝不可以让别人知道。"

父母不要忽略了孩子的微妙心理，在外人面前批评孩子的缺点，就如同让孩子在大庭广众前，暴露自己的身体一样，孩子会感到相当的屈辱，从而造成孩子自惭形秽的心理。孩子的年龄尚小，还无法察觉自己的缺点时，父母此种"谦虚"的行径，绝对产生不了好的作用。

因为当孩子一再听到别人诉说自己的缺点时，就会产生"暗示效果"，而认定自己是一个坏孩子。尤其在被冠上"爱撒娇""胆小鬼"的外号时，负面效果则更为增强。

由此可知，父母对第三者所说的话，比直接对孩子所说的话，有着更大的影响；反之，父母倘若运用得当，则父母与第三者的谈话，会变成孩子奋发图强的好机会。例如，当父母对别人说"我儿子最近可以自己做很多事"，孩子此时所感觉到的喜悦，较父母直接的赞许来得更大，自己也会更努力地去做一个好孩子。

许多为人父母的并无意伤害孩子，可是往往一句无心的话，像"你怎么不能跟姐姐学学，跟她一样好？""你能不能好好吃完这顿饭，不要再打破杯子，好吗？"这种表达方式都会伤害孩子的自尊，使孩子心情沮丧。如果不及时改正，长久下去，甚至孩子的人格也会遭到扭曲。

因此，如果父母在语言表达上不知不觉地一再犯错，那么对孩子的心灵创伤将是难以估计的。

不要因孩子失败而批评孩子

教育专家指出：家长不应因孩子的失败而随便批评孩子。

　　静静想帮助母亲做家务事，但在端盘子时不小心摔了一跤，结果十个盘子都打破了！

　　母亲认为静静打破了十个盘子是不对的，所以责备了静静："干不了就别干，净添乱。"静静感到十分委屈，心中不快。

　　孩子想将事情做好却失败时，父母应本着体贴的心情去安慰孩子才对。

由于孩子本身在面对失败时已感觉到心灵受到创伤，如果父母在这时不能了解孩子，反而加以责骂，那就表示父母不信任孩子的善意，如此长久下去，孩子会将一切都解释为恶意。

教育研究者发现，近年上幼儿园的孩子都比过去的孩子自私，这很可能是由于其家庭教育有上述情形造成的。

　　一个孩子单手顶着墙壁站立，另一孩子由前方跑过来，在站立的孩子前约两米处停下，跺着脚骂道："你欺负我！"老师问："怎么了？"那个跑过来的孩子说："他故意挡我的路！"然而，站着的那孩子还莫名其妙不知所措呢！

　　这就是将别人所做的事均解释为恶意的一个例子。如果想坐下来，却找不到椅子，孩子往往就会对老师说"是杰杰拿走的！"之类的话。可是，如果要让孩子辨别其行为是否善意，不到过了小学低年级之后，是没有办法做到的。不过，如果是在对幼儿教育特别有研究的幼儿园中，这种辨别能力仍旧可提早学会。因为老师总是信任孩子们的善意，所以会在孩子们面前说："杰杰是不想这么做的，并不是恶意的。"

　　下面就介绍一个实例。

　　　A 班的孩子们做的粘土作品在第二天早上被破坏了，由于得知 B 班的小孩子们曾在其后到这间教室来，所以 A 班老师便选了四位小朋友去向 B 班的小朋友抗议。

　　　"你们为什么弄坏我们的东西？"

　　　B 班小朋友回答："你们的教室太乱，我们在整理的时候，不小心碰到桌子弄坏了，对不起。"

　　　这时，A 班的小朋友又追问一句："你们不是故意的吧？"

　　　在回到自己教室后，四位小朋友报告说："他们说不是故意的，所以我们就不要再生气了！"

　　　于是，A 班的小朋友便忍耐下来了。这就幼儿心理学而言，是非常令人惊讶的。因为即使是 8 岁左右的孩子，要让其考虑别人行为的动机都很不容易，何况是 4 岁的孩子呢？

这种例子的出现，是因为有很好的指导者，加上接受过训练的班级，才有可能如此，不过，在家庭中一样可以做到这点。

当孩子失败时，父母如果能告诉他："我知道你不是故意这样的，真是太可惜了！"如此，孩子就能辨别故意与无意的差距，也能了解什么事该生气，什么事不该生气了。

应该多信任孩子的善意，以鼓励其以善意的态度来与别的孩子接触。这样，孩子在做事和学习过程中，就不会因为失败而产生挫折感，而丧失面对困难的勇气和斗志。

批评时不能伤害孩子的人格

孩子也是有自尊的，批评孩子时，千万不要伤害孩子的人格。

小瑛是个喜欢幻想的女孩子，她总是会用笔记录下自己每天的所见所闻，所思所想，她觉得这样会给自己的生活留下精彩的回忆。由此，小瑛养成了写作的习惯。上了初三，面临即将到来的中考，学习生活越发紧张起来，可是小瑛还是坚持每天创作2000字，这样不免会影响到学习，所以她的学习成绩开始下降了。

这天，妈妈到学校开家长会，得知小瑛的成绩已经排在了全班的中下游，很是生气。回到家，她直接进入女儿的房间，看到书桌上摆着一摞一摞的手写书稿，自然气不打一处来，随手就把稿子打翻在地。小瑛看到了自己珍贵的书稿被妈妈随便丢在地上，很伤心，哭着对妈妈说："您为什么要这样做呢？您知道这些书稿对我有多重要吗？"

妈妈正在气头上，骂道："不知道！我就知道你这样下去，会考不上高中，考不上大学，然后你这一辈子就都没有出息了。你整天写小说，瞎幻想，会有什么好处！"

面对妈妈的大声叱责，小瑛一下懵住了，想不到妈妈会这样说话，这样断然否定自己，甚至不给自己解释的余地……

上述故事里面的母亲对小瑛的教育虽然没有到棍棒相加的地步，但她对孩子的批评是对孩子人格的无情践踏与伤害。

家长要尊重孩子就要承认孩子的人格尊严，倾听他的意见，顾及他的感受，包容他的缺点，分享他的喜悦。尊重孩子应该是无条件的，也就是说这份尊重是对孩子整体的接纳，尤其对暂时后进的孩子则更要尊重和相信他的价值和潜能。

尊重并不是不能提出严格要求和批评，而是不能在践踏孩子人格的基础上批评孩子。用这样的粗暴态度批评孩子，会给他的心理造成严重的伤害，同时会使孩子与父母的感情出现裂痕，造成两代人的感情代沟。尊重孩子的意愿和选择，是当代父母应该特别注意的问题。

孩子应该拥有自己选择的权利，而不是必须任何事情都要顺从家长的意愿。如果孩子有不同于父母的意见，家长切不可冷言相加，这样会伤害到孩子的脆弱心灵。尊重和善待孩子的心灵才能结出善果。

Tips

家长教育孩子的时候，要把孩子当作与自己平等的人来对待，切忌不分青红皂白就用有损孩子人格的话来批评孩子，轻易否定孩子的所长。

责备孩子时不要翻过去的旧账

孩子犯了错误，是应该批评，批评的目的是为了让孩子认识到自己行为中的不合理之处。但是，在批评之前要了解清楚事情的前因后果，要给孩子申辩的机会。很多时候，为了达到某种目的，挽回劣势，大家都喜欢翻旧账。

但在责备孩子时，父母不能把孩子的陈年老账全挖出来。因为，即使是成人，也会对翻旧账心生反感，孩子也是如此。正所谓"己所不欲，勿施于人。"而且一般的孩子，知道自己犯错就会反省，一旦挨骂，就会心生警惕，避免再犯同样的错误。在这种情况下，如果把过去的失败拿出来数落，孩子就会产生反感。例如，孩子一边做功课，一边看电视，做父母的原来只要骂他"做功课要集中精神，不要心不在焉"也就可以了，然而，多半的父母都会继续唠叨下去："你看，你就是这样，所以上次连碗也打破了！""你做事就是心不在焉，才会动不动就受伤！""你就是不专心，老师才会处罚你！"如果孩子一犯错，父母就把过去的失败一一举出来，重新数落一顿，孩子极可能对父母心生反感。而且，将过去已经责备过的错误再责备一次，甚至先预测将来可能犯的错，事先训诫一番，则责备的对象就会分散，反而忽略了当时应该面对的问题与行为，变成纯粹的说教。

有些父母确实是一看到孩子犯了错误就大惊小怪，喜欢把孩子过去的一些错事重新数落一遍，以为这样就可以让孩子改正错误。其实结果只能适得其反，孩子不但不会改正错误，反而还会对你产生强烈的反感。

父母们需要注意的是，孩子正处在成长过程中，犯些错误再正常不过了，只要事先了解情况并及时制止也就点到为止。更何况，有些失误根本算不上是错误，只是成人把它扩大化了而已。而且在孩子有什么失误的时候，往往是最需要理解和鼓励的时候，是最需要父母的理解与宽容的。

所以，孩子做错的事，父母已经批评过了就应该"结案"了，不要老是记着孩子以前不好的地方，让孩子觉得在父母面前无法翻身。

> **Tips**
>
> 　　孩子正处在学习做人的过程中，父母要原谅孩子的过错，切忌动辄翻老账，否则不仅会伤害孩子稚嫩的心，而且会给孩子品格的形成带来不良影响。

责备孩子时不要进行人格攻击

　　由于孩子年纪小，会因为专注于某事，而无心去注意其他的状况，所以会做出一些令人发怒的事。到了稍微大一点的时候，有时也会故意吵闹，以冷眼来旁观父母的反应为乐。

　　例如，父母在思考事情时，或者想静静休息一下时，孩子却在旁边吵闹，父母就会焦躁，连连叫他们安静。可是，如果孩子是有心要吵闹，父母的吆喝是没有效果的，这时，怒气上升的父母多半会大吼："像你这么爱吵闹的孩子，真令人讨厌！"

　　虽然父母绝不是真心地讨厌，但这种责备会让孩子的心理产生负面影响，是不太理想的。因为这种骂法，忽略了孩子的错误行为，而改为攻击他的人格。

　　因此，像以上这种充满敌意的话，父母绝对不能说出口。但是，这并不是主张父母绝不能生气，只是在大人生气的时候，绝不能表现出伤害孩子的破坏性感情。

法国心理学家贝诺特曾将父母最理想的情感表达方式分为三个阶段。在第一个阶段，父母会说出自己内心的焦躁："唉！真令人心烦！""好讨厌！"以这种简短的字句来警告孩子。孩子如果在这个阶段改善自己的行为，是最理想的。但如果他依然故我，父母则可能更加表明自己的愤怒，这就进入第二阶段了："妈妈很生气哦！""妈妈要生气了哦！"第三个阶段，"妈妈在想事情，你安静一点，我这样的要求并不过分，你为什么不听呢？我生气了，气得想把这些东西扔出去！"父母可以直接将自己的愤怒说出来："我想骂你！"让孩子明白他的行为后果很严重。

如此一来，孩子就可以了解父母的心情了，而且最重要的是，这种做法不会伤害到孩子。愤怒的感情每个父母都有，如果任其爆发，就可能会严重地伤害到孩子。从这个意义上来说，这种做法可成为使父母冷静下来的出气管道，具有净化作用，使父母不致对孩子作无谓的人格攻击。

二　批评孩子的说话艺术

不正当的批评往往对孩子不管用

批评作为一种教育手段，目的就是让孩子知道错误的原因，理解和接受正确的建议，并在以后的行动中避免或改正。但实际上，许多父母都有这样的体会，和孩子好好地说、讲道理不管用，批评也不管用，着急了打一顿也还是不管用，怎么做效果都不好！反正就是：说不听，骂没用！打一顿，管一阵！

孩子犯了错，父母总不能看着不管吧，总得批评批评吧。那么就来研究一下父母批评孩子的几种常见情形。

◎ 批评情绪化

一旦孩子出现过失，父母的表现通常是情绪激动，脸色发青，手舞足蹈，念念有词，眼睛发直，声音分贝高，语言速度快。如果有摄像机的话，父母应该看看自己的表情和表现，真可以说是不堪入目！

父母能指望这种带着个人情绪化的宣泄，主观的批评有多大作用呢？其实，很多时候，沉默往往远比这样的批评更有效。父母对孩子一次过失的分析和评价应该是理性的。在这个过程中，发点脾气在所难免，发点牢骚也能接受，发泄就有失分寸了。

父母在孩子的学习活动中过早地干涉、过多地介入、频繁地干预、琐碎地品评、莫名地批评，会导致孩子对学习产生恐惧、厌倦和逆反的心理。

◎ 批评泛滥化

有些父母在批评孩子的时候，声音慷慨激昂，语速飞快，思维跳跃，联想丰富，上纲上线。比如说本来就是打破碗的事情，就能从这件事想起从前丢钥匙、丢钱、丢面子（因为测验考砸了），还能扯到打架、看电视、玩游戏等。总之，只要能想起来的事就可以像电影镜头一样重放。真可谓旁征博引，引经据典，直说得孩子眼皮一翻，嘴角一撇，脖子一扭，脑袋一低，心想：你爱说啥说啥吧！

批评要有针对性。对当前的问题有什么说什么，就事论事就好了，而绝不可连带以前老账一并算上。这种把"陈年老账"重提的做法只会让孩子对父母感到厌烦、讨厌和憎恶，而且由于其他事情牵扯得太多，冲淡了当前主题，主要矛盾就容易被弱化和忽视，失去了批评本身的意义。

◎ 批评简单化

很多时候，孩子犯错后，父母的表现往往是该批评的时候不批评，不该批评的时候乱批评。很多父母都遇到过孩子赖床的现象，往往是一边催促，一边数落，而孩子却把这当作是背景噪音，根本没有起到批评的作用。因为孩子很清楚，如果走着上学会迟到的话，父母一定会有办法让孩子按时到学校的，家里有车可以送，没车也可以打出租车啊。

其实，对孩子赖床的事，你完全不用管他，迟到了自然会有学校批评他。就是因为你有种种办法可以不让他迟到，是承担孩子赖床后果的挡箭牌，所以他才有信心继续赖床，你骂他何用？

像这类的情况有很多，就是家长只对现象作批评，而没有采取实际有效的解决办法。

◎ 批评急躁化

有许多时候，孩子甚至还没意识到错误即将或已经来临，还不能深刻意识到即将来临的错误可能会带来什么样的后果，父母就已经急不可耐，气不打一处来，通常是眼到口到，甚至手也到了。

孩子犯错误是正常的，但父母却没有给孩子足够的时间和空间去体验错误、尝试挫折，孩子甚至都不知道犯了什么错，批评和责备就已经接踵而至。这种急于求成、急功近利、急躁冒进的批评，往往扼杀了孩子的创造力，限制了孩子的发展。

不适当的责备会产生不良后果

如何责备孩子看似简单，其实大有学问。因为简单、粗暴的叱责不但不能使孩子心服，感受到父母对他们的关怀，反而易引起他们的反抗。这种叛逆心理一旦形成就会造成父母和子女间的隔阂和冲突。

有些家长责备孩子时，由于先入为主，有失偏颇，往往说出"过火"的话，令孩子感到绝望，失去自信。父母责备孩子时，也可能引起孩子反驳。如果这种情况长久存在，对亲子关系有严重影响，冲突和敌对局面无法避免。特别是有的父母本身情绪容易冲动，易动肝火，责备语气过重，侮辱性的词语层出不穷，例如"蠢钝""没用""废物"，大大损害孩子尊严，也给孩子一个错觉，以为自己真的一无是处，而不思进取，对自己采取放弃态度。

被责备的孩子一旦得不到公平对待，蒙上冤屈，就会严重影响亲子关系，并会对世界产生敌意，甚至导致人生观消极。

在生活中，由于父母一句过失的话、过火的责骂而使孩子感到绝望，甚至自杀，以及举刀杀死父母的事，亦时有所闻。

在生活中常常会发现另外一种情况。那就是大人责备孩子时，孩子根本就不理会。他既不顶嘴也不反抗，就是不听。你骂你的，他做他的，这种消极反抗，日积月累的结果是孩子越变越坏。

如何责备孩子才有效

管教孩子有很大的学问，简单粗暴的斥责不但无法使孩子心服，更容易引起孩子的反抗，使孩子产生叛逆心理，造成父母与子女间的隔阂和冲突。必要的责备是必不可少的，这里所说的责备并不是说伤害性话语的责备，而是不会对孩子稚嫩的心灵造成伤害的责备。那么，父母在管教孩子时应该如何责备孩子呢?

◎ 在训斥孩子的时候，不要使用过激的语言

父母的教育工作，主要是引导孩子让其在正确的道路上健康成长。因此，父母千万不要轻易使用有损孩子身心的处罚手段，而应该心平气和、因势利导、循循善诱。这样才不会助长孩子的对抗情绪，从而维护父母在孩子心目中应有的形象。

◎ 在斥责孩子的时候，一定要就事论事

父母应该认识到，单纯的斥责，是根本无法教育好孩子的。在孩子犯了错误以后，父母应该冷静客观地对其讲明道理，让孩子认识到自己错在哪里，当孩子产生悔改之心后，他才能自觉改正错误。

◎ 要肯定孩子的人格

孩子虽然年龄比较小，但是他们也有自身的人格和自尊心。如

果父母认为孩子尚未成人，不存在个人的人格，那就错了。事实上，在教育孩子的时候，父母首先要承认他们的人格，即便在斥责时，也不能侮辱他们的人格，只有这样，孩子才会接受父母的责备和斥责。如果一味地责骂，孩子就会产生强烈的不满与愤恨情绪，很可能引起孩子的过激行为。据媒体报道，有的孩子之所以会感到绝望而自杀，或举刀杀死父母，很重要的一个原因就是父母毫不留情地怒骂斥责。

> 要想孩子乐意接受批评，父母必须以真诚的态度、得体的言语，心平气和地说服孩子。批评孩子，但不去伤害孩子的自尊心，会使孩子为了维护自己的自尊而很乐意地接受父母的批评。

◎ **要对孩子讲明责备他的理由**

既然父母无法避免孩子犯错，那么在孩子犯错之后，父母就应该对孩子讲明责备他的原因，让孩子明白自己为什么挨骂，错在哪里。父母责备孩子的目的无非是让孩子明白自己的过失是什么，避免孩子重复犯错。因此，当孩子对自己的错误有所醒悟和认识后，父母就没有必要再去追究了，而应该给予孩子认识错误和改正错误的机会。

◎ **要引导孩子不要重犯**

对于已经犯错的孩子，父母应该切实理解孩子的心情，了解孩子的心理，弄清事情的原委，不夸大也不掩饰孩子的过失。只要将父母的想法和正确的做法告诉孩子，让孩子感到父母是在给自己讲道理，是为了教育自己学好，他们就能比较轻松地接受父母的责备，并掌握避免出现类似错误的方法。在教育孩子的过程中，父母切记不要让孩子感到委屈和冤枉，或者感到父母蛮不讲理。因此，责备孩子时，父母要严肃冷静又满怀热诚。

◎ 在教育孩子的时候，要多一些宽容，少一些斥责

孩子基本上都会有自己的思考能力和独立的要求。因此，父母要尽量给孩子独立思考的机会，培养孩子独立思考的能力，不要事事都告诉孩子应该怎么做不应该怎么做，而应该让孩子在实践中掌握分辨是非的能力。即便孩子做错了，父母也应该以宽容的心态对待。

冷静地责备，巧妙地安抚

自古以来，管教孩子的铁律之一就是"责备没有关系，但不要动怒"。这表示一般的父母看到孩子做出自己不喜欢的事，就会大发雷霆。的确，在某些情况下，父母可以将自己的感情直接地表现出来。然而，高声斥责究竟有多大效果，实在令人怀疑。因为吼骂等于是感情的发泄，与责备是不一样的。平常说话和颜悦色的父母，

如果突然采取这种管教方式，孩子当然会大吃一惊，觉得"自己是否真的犯了大错"，而产生反省之心，并且从父母不寻常的态度中，找出他们动怒的原因，而得到良好的效果。然而，平常父母责备孩子，如果一向就是大吼大叫的，孩子根本不会深思父母话中的含义，只会不耐烦地觉得"又来了！"对于这种早已心理麻痹的孩子，父母即使吼得喉咙哑了，也没有什么效果。更严重的是，等到孩子年纪再大一点，甚至会产生以牙还牙的心理，和父母顶嘴："讨厌！""我知道啦！"换言之，唠唠叨叨地责骂，是最笨的方法。

Tips

父母可以巧妙地借用肢体触摸或肢体语言表现出他们的爱，因为这可以让孩子明白，即使自己受到责难，也不会因此遭到排挤。

动辄对孩子发脾气，会造成不良的影响。因此，等你发完脾气、心平气和之后，必须好好安抚孩子，向孩子说明"我是在生气你所做的事，而不是真的讨厌你"，如此可以消除孩子担心被父母否定造成的不安。但在安抚孩子的同时，也要注意不要矫枉过正，即使责骂后孩子心情郁闷，父母也不要总是向孩子道歉。因为这样孩子对自己的所作所为，便很难判定是对是错，导致孩子价值观上的无所适从。

即使如此，父母也该让孩子明白，父母只有在必要时才会斥责他们，事后的安抚最好以肢体语言来表达。

总之，父母安抚孩子的最终目的，就是要让孩子了解你并非因为不喜欢他才痛加责罚。

面对孩子的错误，建议比批评更有效

作为父母，常常在看到孩子犯了错误时，尤其是认为他们在有意调皮捣蛋时，感到怒火万丈，大发脾气，使得孩子们更加害怕犯错误。让我们看下面一个例子：

爸爸走到他自己的工具间，看见工具扔得到处都是，旁边放着儿子杰克的一个玩具，但杰克并不在工具间里。爸爸怒气冲冲地走到房间时，见杰克正在玩他的电子游戏，于是爸爸一把将他抓了出来，把他领到工具间，说："这些是什么？我已经告诉你多少次，要把工具放回原处。"

杰克害怕极了，现在他才想起来，他刚才在工具间想修好他的玩具车，可这时候，妈妈来叫他接电话。杰克跑过去，拿起电话，和朋友聊了半天。谁知放下电话以后，他忘了正在修理的玩具车，所以就走到屋子里面，继续玩起了游戏机。

现在，他怎么向爸爸解释呢？看着爸爸怒气冲冲的样子，他感到非常沮丧。的确，这种事情已经发生了很多次了。"这下，我又让爸爸生气了，我想我是做不好任何事情的。我为什么总是这样没记性呢？"他心里责怪着自己，变得很没情绪。现在让我们看一看，如果杰克的爸爸用另一种方法处理这件事情，结果会怎么样呢？

　　爸爸到工具间看到洒了一地的工具后，走回房子，发现杰克在玩游戏机，爸爸抑制住自己的不快，非常平静地对杰克说："杰克，你和我一起到工具间去一下，好吗？"等他们到了工具间，爸爸和杰克一起查看了工具间乱糟糟的情景，对杰克说："看来，你是想修你的玩具车，对不对？"

　　"是的，我是想修我的玩具车。"杰克非常窘迫地说："但是我听见妈妈叫我去接电话，就跑进了房间，后来，就把这件事忘了，再说，我折腾了半天，也没有把这个玩具车修好。"

　　"噢，那我们现在一起来看一看你的玩具车出了什么毛病？"

　　于是爸爸和杰克两个人一起对玩具车进行了修理。修完了以后，爸爸对杰克说："那么下次你应该记住把工具放好，好吗？"这样做，爸爸既指出了杰克的错误，对他提出更正建议，又没有损伤杰克的自尊心，杰克就不会对犯错误产生恐惧感，使孩子有勇气犯错误，也有勇气承认错误，更有勇气改正错误，在心里也不会产生挫折感，且孩子很清楚犯错误不影响父母对他们的爱。

　　当孩子犯错误时，要注意把事情本身和孩子分开。不要对孩子讲："你把事情都弄糟了，你怎么搞的？你都忘了应该怎么做了吗？"这种说法显得很没有水平，价值也因此降低。把事情弄清楚仅仅是一个过程，是一个从学习到最终成功的过程。

父母应当教育孩子有勇气面对错误，改正错误，并且从错误中吸取经验和教训，而不因犯了错误而使自信心受到损伤，甚至受到摧毁。

对孩子提出切实改正的建议是父母最明智的选择。如果只是一味地批评并指责，事情的结果往往很难达到我们的期望。

鼓励比批评效果好得多

作每个人都会犯错，可是只有孩子犯了错可能更容易招致批评。为什么呢？

因为孩子常犯错？不对！

因为孩子小不懂事情，容易犯错？不对！

因为我们父母的眼光总是跟随着孩子的身影。

是啊，孩子所有的举止基本上都不能逃脱父母的掌握。一不留神在地上摔倒了，母亲就会说："怎么这么不小心！"如果考试成绩不理想，就会有声音响起："你看看，怎么考得这么差。"倘若不小心丢了东西，就会有个声音说："怎么搞的你，总是丢三落四的。"对于刚遭受了打击的孩子，还没有从难过、委屈、痛苦甚至耻辱的情绪中走出来，往往就紧跟着一阵暴风雨一样的批评，心中甚觉不快，可也没有什么办法，只能默默地忍受，胆大的或许会顶几句嘴，但这更会招来痛骂，实在委屈也许会抽泣几下。这下可更不得了，父母又会嚷着"哭什么哭！有什么好哭的！"

有一位特级教师在她所著的《怎样教育孩子最有效》一书中，记录了这样一件事情：

我每天都到传达室去取订阅的杂志和报纸。以前的值班人是一位老太太，她的孙女放学后也常来这里。有一天，我照例去取报纸，进去后看见那个小姑娘正趴在桌子上写作业，而老太太正在教训她的小孙女："唉！你是怎么搞的，写的字都这么难看！这个重写，那个也得重写！"边叱责边用手愤愤地拨拉小女孩的手，似乎觉得小女孩用橡皮擦的动作都太慢。那个小女孩紧紧地抿着嘴唇，眼里还噙着默默的泪，很不情愿地擦掉刚才写过的字。

我好奇地上前看了看，原来是那种练习生字的作业，每个字要求写很多遍。因为小姑娘刚上学，所以是把生字写在米字格里。有的字写得还不错，有的字写得就确实比较难看，不是在米字格里倾斜地挂着，要不干脆就把腿钻出去了。我心里暗想，写成这样也难怪，刚开始嘛！我和老太太比较熟，连她的这个小孙女的名字我都知道，叫莺歌。于是我就说："大娘，您别着急，我和莺歌说说。"老太太很高兴地说道："对，你是搞教育的，你和她说说。"

我说："莺歌啊，做作业呢？我看看！"

莺歌似乎还在不愉快中，闷闷地应声说："噢！"

我拿起她的作业本说道："噢！是练习写生字啊，写得还真不错啊。"

莺歌仿佛一下来了精神，便伸着头一起与我看她的本子。

我接着又问道："对了，你给我指指看，哪个字你写得最好？"

莺歌赶紧浏览了一下，快速地用稚嫩的手指着其中的一个字。

我一看那个字的确还是不错的，接着又问道："噢，那哪个字又最不好看呢？"

我拖长了声音问着，还未等把话全部说完，莺歌快速地从我手中夺走作业本，把其中一个写得不好的字赶忙擦掉了。

我赞许地点点头讲："莺歌，我想你一定可以写出一个比那个更好的字还好的字来，是吗？"

莺歌用力地点了点头，在本上很快又写出了一个字，是那种很饱满、顶天立地的好字。

我轻轻拍着她的头说："好极了！你慢慢做吧，奶奶的话你不要不开心啊！"没有三分钟，莺歌的表现判若两人。

老太太惊讶地说道："赵老师，这丫头怎么这么听您的话？"我对她讲："骂并不是最好的办法，鼓励比批评效果好得多啊。"

俗话说"玉不琢不成器"，对于孩子来说亦是如此。批评作为一种教育手段，目的就是让孩子能够知道错误的原因，以后能够避免或改正。假如打骂、批评都不管用，何妨不试试用鼓励的方式呢？

怎样批评爱发脾气的孩子

孩子爱发脾气，显然是一种不好的行为。父母针对爱发脾气的孩子，用批评的引导的方法会更有效果。教育专家认为，家长面对孩子发脾气时，切不可以怒制怒。当孩子在极度愤怒之时，最好不要跟着发火，以恫吓甚至棍棒来强行压制孩子的情绪。那样是绝对不可能达到批评的效果的。

正确的做法是，轻轻抚慰他，或让他坐下来，倒杯水缓和一下他的情绪。如果孩子实在无法平息，暂时隔离他，如单独留他一个人在房间里，提供一个冷静的环境平抚情绪。待孩子冷静下来之后，可让他洗个脸，喝杯茶，或者睡上一觉，然后再和他慢慢谈心。这时再用缓和的语气批评他的错误，说明发脾气的害处，孩子才可以听得进去。

当然，针对具体发脾气的原因，父母也应听取孩子自己的解释，当孩子得到父母的聆听时，心情会比较容易平复。

批评是一个方面，对于爱发脾气的孩子，家长还要教孩子学会自我克制。比如：可以在平时提醒孩子，一旦感到自己要发怒时，心里反复默念"不要发火，要冷静，要冷静。一旦感到怒气上来时，迅速离开现场，或去干别的事情；想要发怒时，自己做几次深呼吸，吐出心底怒气；也可以引导孩子做些活动，如紧握拳头再松开，紧绷脚板等。

此外，也可以让孩子发泄精力。如绘画、练书法、下棋等；或者让他参加体育活动，如打球、跑步等，把怒气发泄到运动上；或者听听音乐、唱唱歌，等等。

　　每个人都会有愤怒、急躁、发脾气的时候，但是，只有能够理智地克制和处理自己脾气和愤怒的人，才是容易走上成功之路的人。父母对于易怒、易发脾气的孩子，一定要讲究批评的艺术，否则，后果很难设想。

怎样批评爱说谎的孩子

　　说谎，是指用不真实的语言来蒙骗他人的行为。在生活或学习中，这种行为人皆有之。说"我从来不说谎"这句话的人，本身就是在说谎。但假使孩子被视为"经常在说谎"，那么就肯定成问题了。

　　几乎每个孩子都有说谎的时候，说谎最常见的原因就是为了逃避批评与惩罚，孩子为了获得某种利益也会说谎。

　　有些孩子为了在别人面前炫耀自己、抬高自己的身份、满足自己的虚荣心或者某些愿望，也会公开撒谎，这是自卑的一种表现。孩子说谎，家长们既讨厌，又常常束手无策。那么，究竟怎样批评，才能使孩子不再说谎呢？

孩子说谎的原因是多种多样的。六七岁的孩子说谎，大多是无意的。如因为贪玩忘了做作业，家长问他做完了没有，他会随口说："做完了，早就做完了。"随着年龄增长，有些孩子学会了有意说谎，如自己先动手打人，却说是别人先动手；逃学旷课，却说在学校认真上课等。孩子说谎的这种错误行为，如果不及时地批评纠正，就可能逐步养成一种欺骗的不良习惯。家长要掌握批评说谎的孩子的艺术，可以从以下几方面着手。

◎ 要善于发现孩子的说谎行为

孩子最初说谎时，无论出于什么动机，总是比较紧张的，怕被家长识破而遭到训斥，但也总抱有一种侥幸心理，以为家长不一定在意他的话，肯定会相信他的。最初几次说谎，如果没有因被家长识破而遭批评，他就会暗自得意，以后说谎的次数会更多；如果被家长识破而受到批评，也就不敢轻易再说谎了。因此，家长应及早发现孩子的说谎行为，及时对其进行有效的批评和教育。其实，只要家长注意观察，多和孩子交谈，发现孩子说谎是不难的。

◎ 对孩子说谎既要批评又要宽容

家长发现孩子说谎后，重要的是要教育孩子，而批评的目的也是教育孩子，批评时言语要多透露对孩子的关爱和宽容，帮助他认识说谎的危害性。家长在批评孩子说谎时切忌粗暴训斥，而应该告诉孩子，说谎得到的只是自欺欺人的短暂快乐，而失去的却是父母、老师、同学的信任。说谎或许一时能蒙混过关，但迟早会被他人发现，从而遭到人们的斥责。在孩子承认说谎不对，表示今后改正后，家长应当表示欢迎，表示深信他会改正，成为一个大家欢迎的诚实的人。这样，孩子会受到鼓舞，彻底改掉说谎的毛病，逐步养成诚实的好习惯。

◎ 分析说谎动机，对症下药

孩子说谎的根本原因，是投机取巧、自私自利。但每次说谎的具体动机又是不相同的。如对因贪吃贪玩而说谎的孩子，应在批评过后，让他根据实际需要向家长提出要求，只要是说实话，家庭条件许可就应满足孩子的要求。再如，对因"义气"而说谎的孩子，既要指明纸包不住火的道理，又要讲清包庇错误并不是帮朋友实则是害朋友的道理。这样对症下药的批评会帮助孩子逐步纠正说谎的坏毛病。

◎ 培养孩子诚实的品德

说谎，是不诚实的表现。纠正孩子说谎的坏习惯，关键是培养孩子诚实待人、老实处事的好品德。待人诚实，才能博得他人的信任，才能在与他人交往中结下友谊，成为真正的朋友。处事老实，才能找到解决问题的最有效办法，才能在不断的实践中真正做成几件事，从而取得成绩和成功。

三 管住自己的嘴：辱骂孩子要不得

责骂是造就庸才的捷径

　　孩子最信赖的人是自己的父母，他们渴望得到父母的疼爱。如果父母总是因为一些小事而责骂孩子，就会激起孩子内心的强烈不安，使孩子在精神上缺乏安全感。心理学家曾指出：父母的斥责对孩子心灵和精神的打击要超出大人的想象。

　　宋玲玲和江丽丽是同班同学，老师发现两名学生都很聪明，但她们的学习成绩却相差很大。老师经过调查了解到二人父母的教育方法大相径庭。

　　宋玲玲的生活状况是：爸爸妈妈对她的要求很严格，在她上幼儿园的时候，妈妈便要求她事事都要做到最好，她也很努力。但是，她的努力始终没能得到妈妈的赞扬，反而经常被妈妈批评，说她没有其他的小朋友学得好。妈妈经常训斥她，她特别反感。

　　而江丽丽的生活状况是：爸爸妈妈从来不骂她，就算她

犯了错误，他们也不直接说她。而是通过一定的语言交流或
行动来指出她的错误，同时也不会损伤到她幼小的心灵。

现实生活中，因过火的责骂而使孩子绝望、自杀以及杀人的事
件时有所闻。而调查表明，许多问题少年都是在受到父母苛刻的斥
责后，对自己失去信心，从而自暴自弃，最终误入歧途的。从这一
意义上说，责骂非但起不到教育好孩子的目的，反而是家庭不幸事
件的导火线，是造就庸才的捷径。所以，很多教育界人士认为：父
母的斥责、严厉的管束极容易束缚孩子的主动性、扼杀孩子的创造
精神。

坏孩子是父母骂出来的

"夸出好孩子，骂出坏孩子。"这句话非常有内涵。孩子虽小，
但他也是独立的个体，他在成长过程中也具有自己的思想，只是
对事物的认识不足，需要父母的教导。这里所说的教导，并不是
要求父母将自己的意志强加在孩子身上，因为如果父母对孩子过
于苛刻，就会抹杀孩子对事物选择和判断的机会，让孩子觉得自
己只有缺点而没有长处，失去了努力向上的信心。孩子的心理受
到负面影响，厌学、自闭等现象就会随之产生。

人无完人，父母对孩子不应过于苛刻，更不应该一再责骂孩子，否则会使孩子产生逆反心理，成为"坏"孩子。反之，应正确引导和启发孩子完善自我。

张小海的出生给全家带来了欢乐，全家人都把他当成宝贝，整天围绕着他转。随着年龄的增长，张小海活泼好动的天性显现出来，他对什么事情都感到好奇，为了满足自己的好奇心，他付出了很多，包括因闯祸而遭到爸爸妈妈训斥和责骂。起初，张小海还能听从父母的管教，但是时间一长，他就恢复常性，依然我行我素，有时还故意违背父母的意愿。

在上小学的一次期终考试中，张小海的成绩排在了最后面。当他拿着成绩单回家时，迎接他的又是阴沉着脸的妈妈。妈妈知道学校会在今天发布考试成绩，所以非常严肃地问道："张小海，这次考得怎么样？把成绩单给我。"

张小海没有说话，只是低着头，胆战心惊地把考试成绩单交给妈妈。妈妈打开一看，上面写着语文成绩45分，当时就火冒三丈："你怎么考得这么低！我供你吃喝，不让你干活，你居然就考了这么点分数，你对得起我吗？你大脑是不是缺根弦！就算白痴也能考这些分数……"张小海毫无表情地站在一旁听着，没有为自己辩解，就像妈妈说的不是他。

等妈妈说完之后，张小海像什么事情都没有发生似的回到自己的小屋里，躺在床上想着第二天玩什么。此后，为了任何一点小事情，张小海都会遭到妈妈的责骂，在这种情况下，他越来越不愿上学，逐渐开始旷课打架，成绩也随之不断下降。

最终，张小海不再听妈妈的唠叨而选择了辍学，并和一些经常打架斗殴的人混在了一起……

孩子的成长离不开家庭教育，父母的言传身教时刻影响着孩子。在孩子的成长过程中，每时每刻都离不开父母的引导和帮助，而孩子在父母的一再责骂中，只会产生逆反心理，处处与父母作对，从这个意义上说，坏孩子确实都是骂出来的。

责骂孩子会使孩子变得没主见

孩子在将来总会成为社会中的一员，所以教育儿童的目标，必然是为了栽培孩子成为社会上有用的人，因此，在教育的过程中，责骂是少不了的行为。但是，责骂千万不宜过多。

如果孩子真的做了不该做的事，而父母也因为这件事而感到不愉快的话，就应该把这种不愉快的心情传达给孩子，这样孩子才能了解到自己做错了事情。但是父母根本没必要对孩子大声责骂，否则，将会使孩子变得没有主见，成为一个胆小懦弱的人。

有一个母亲对孩子的要求非常严格。她给自己的孩子制订了一套又一套家规，孩子在家不许大喊大叫，吃饭时不许说话，坐着时要上身挺直等。因为家规太多，孩子往往会在无意间有所违背，并因此而遭到母亲的斥责。在这位母亲一成不变的家规管教下，孩子变得非常听话，对人总是彬彬有礼，但同时也变得越来越没有主见，而且还拘谨怕事。

有一天，母亲因工作原因中午无法回家，于是孩子就坐在沙发上一直等母亲回来做饭。可是母亲迟迟没有回来做饭，孩子就那么饿了一个中午，空着肚子回到学校上课。下午放学后，母亲回到家中问自己的孩子中午吃了些什么，孩子回答自己什么都没有吃。母亲又问孩子，冰箱里有快餐面，中午为什么不取出来泡着吃，孩子的回答很值得回味："你没告诉我吃快餐面呀！"

可见，孩子在严厉的管教下，在不断的斥责中，已经逐渐养成胆小怕事的习惯。在现实生活中，这类孩子也总是一味地听从父母的吩咐，没有自己的主见和要求，失去了独立思考的能力和判断力，从而显得非常无能。

永远不要嘲笑自己的孩子

　　每个孩子都希望父母既是长辈，又是朋友，都希望随时可以把自己遇到的问题与困惑，与父母共同协商解决。了解了孩子这一心理后，父母应该懂得对待孩子，尤其是有缺点错误的孩子，在任何情况下，都不能嘲笑。否则，对孩子的伤害是残酷的，其后果十分严重，只会使孩子越来越厌恶父母，厌恶家庭。

　　孩子连连挫败，已感到非常失望，希望得到安慰，此时，父母不但不加以鼓励，更一再数落他、讥笑他、贬抑他，这样只会使孩子更加失去信心、继续失败，一直到完全陷入绝望的境地中。

　　一些遭受父母嘲讽的孩子，长大后会变得畏首畏尾、没有自信。另一个极端就是当孩子挫败时，受到父母的嘲讽，便会对父母产生怨恨而耿耿于怀，由于害怕，只能将对父母的轻视和怀恨隐藏在心底，等到孩子长大后，往往会找机会加以报复。一个习惯以讽刺的态度批评孩子的家长，是不可能期望孩子对他真心尊敬的。

　　蒙蒙是一个事事追求完美的孩子，每做一门作业，都希望做得最好，因此每天放学后，总是有做不完的作业。

　　蒙蒙因为力求完美，所以花在做作业上的时间很多，以致晚上睡得很迟。睡眠不足，上课时便无法集中精力，如此恶性循环，蒙蒙的成绩便每况愈下了。

　　然而，蒙蒙的妈妈不仅没有帮助孩子分析原因，找出改正的方法，反而经常嘲笑他说："不是那块料，学也白搭。"蒙蒙由于经常被母亲嘲笑，在内心中亦觉得自己很笨，学也白搭，于是失去了积极性，原本不大理想的成绩更见低落。

　　蒙蒙自知无法升读中学，也相信自己比别人笨，只有出来工作。由于蒙蒙对自己失去信心，每份工作都做得不好，有时还被老板开除。

　　现在已经成人的蒙蒙，仍然是一副胆怯、没有信心、自卑、畏缩的模样。

从蒙蒙的经历足见，父母如经常嘲笑和讽刺孩子，对于孩子的坏影响是何其深远，所以父母在与孩子说话交流时，不要用嘲笑的语言。

父母想激励孩子，可以用称赞、鼓励、循循善诱的教育方法，千万不要说孩子的坏话，挖苦孩子，数落孩子的错失，更不要为孩子贴上标签，否则，周围的人都认为他是一个无可救药的孩子，包括他自己在内。

孩子的心理是很脆弱的，"过火"的话会使孩子感到绝望，失去自信。家长应当鼓励孩子、激励孩子，从而引导孩子充满自信地健康成长。

不要对孩子说风凉话或泼冷水

有的父母在孩子不听话、屡教不改，或者不认真读书、不做功课时，气急了，就会骂出一些令人泄气的话来："你是一个十足的废物！""你将来还会成为什么有用的人？鬼都不信！""你还想有什么作为，做梦！"

父母一时的气话，但却足以构成对孩子终身的伤害，因为它使孩子丧失了自信心，也截断了孩子对自己将来的希望和美好的憧憬。

社会调查显示，不少青少年犯罪就是因为在家受到父母的藐视而产生了挫折感，于是产生了破罐子破摔的想法，从而自暴自弃。这是因为不论孩子的年龄大小，父母对他们前途的否定，都会对他们造成极大的打击。尤其是稚龄的孩童，父母讲的话对他们更具有绝对的权威。即使没有导致什么不良的具体行动，在人格上也会产生极大的负面影响。

父母要鼓励孩子，让孩子充满信心地面对一切困难。

别让话语伤到孩子的心

当前的孩子受到的伤害包括显性伤害和隐性伤害，而隐性伤害中，语言暴力问题普遍存在。

在父母看来，孩子的心思不在学习上，导致学习成绩跟不上，于是语言暴力就成了教育孩子常常使用的武器。孩子在成长的环境里，由于学习成绩不好，得不到应有的尊重，听不到赞赏的话语，各种打击性、破坏性的语言时时伴随着他，长此以往，就会把他的自尊心完全破坏掉，朝着家长不愿看到的方向发展。

语言暴力实质是一种精神伤害，是不尊重孩子的一种表现。作为父母，批评孩子是可以的，但是要注意，在批评的时候，要从尊重孩子的角度出发，确保孩子身心不受伤害。好多父母不能做到真正意义上的尊重孩子，是因为他们还没有学会真正的换位思考，总把自己放在高高在上的位置。如果常常换位思考一下"如果我们是孩子，受到这样的'教育'我们会怎么样？"就不会轻易去伤害纯真的孩子了。

　　如果你用侮辱人格的语言伤害孩子，孩子是不能接受的。孩子可能用强烈的反弹来对抗，甚至会有非常可怕的后果，这是父母要注意的。所以说我们要记住这样一个原则，可以批评孩子但是不能侮辱孩子。

Tips

　　有一位心理学家曾经说过："永远记住，你要是想培养一个失败者，你要是想毁掉一个人，那么你只需每天对他说一句：'你真笨，你不如别人。'可能你说第一遍的时候，他还不以为然，但是你说的次数多了，特别是在他受挫的时候，他就会认同的，就会变得缺乏自信。"总而言之，当我们教育孩子的时候，一定要注意表达方式，多一些鼓励，多一些指导，不说伤害孩子的话，尊重孩子。

CHAPTER

7

ZENYANG
JIAOYU
CHENGJICHA、
TANWAN
HE
WANGLIAN
DE
HAIZI

第七章

怎样教育成绩差、贪玩和网恋的孩子

每个孩子的成长过程，都不会是一帆风顺的，一定会遇到各种各样的成长障碍，甚至会出现成长中的滑坡、学习上的退步、人生中的困顿和迷惑。怎样教育好这样的孩子，考验着父母的教子智慧与施教能力，检验着父母的家教耐心与家教艺术。身为孩子的人生导师，每个家长都应当开动脑筋，运用科学的方法，寻找教育孩子的有效途径。

一 怎样教育成绩差的孩子

孩子成绩差是由多方面原因造成的，父母不能一味地责备孩子。只有通过良好的沟通，找到成绩差的真正原因，并采取正确的应对措施，才能有效地帮助孩子提高学习成绩。

用鼓励的语言帮助孩子树立信心

一位教育专家指出："面对成绩差的孩子，父母首先要做的，就是让其树立起信心。"

吴亮上小学时在班里名列前茅，以高分考进了省重点中学，全家人都很高兴。吴亮从一名普通小学的学生一跃成为省重点中学的学生，更是信心百倍，学习很努力，每天迟睡早起。谁知道期中考试成绩在班上只排在30名左右。他很不服气，发誓要赶上去。

可期末考试下来又落到了37名。在此情况下，吴亮终于失去了信心，他觉得即使努力也难以再优秀如初。因此他时常面对书本发呆，甚至说不想上学了。

父亲看到这种情形，一天晚上来到吴亮跟前，对他说："孩子，成绩不理想只是暂时的，只要你继续努力，一定会成为一个优秀学生。你是个聪明孩子，成绩一定会赶上去的。"并且经常抽时间鼓励他。

父亲的话给了吴亮很大启发，此后他不再对着书本发呆了，成绩也在慢慢提高。

由此可见，父母在孩子感到学习很吃力，并且信心不足时，一定不要用负面的语言来影响他，不能说"你怎么不开窍？""学不下去算了！"等对孩子信心有打击或不利的话。最有效的方法是父母与孩子多沟通，通过谈心了解孩子学习上的困惑究竟在哪儿，或者与孩子一起分析原因何在。尽管孩子考试成绩差一些，也并不能就此断定孩子就是头脑笨，不可能再有出色的表现。

相反，父母要始终对孩子充满信心，并不断鼓励孩子，告诉孩子他在父母心里仍然是最棒的。并对孩子说："你头脑并不笨，只要你有恒心、有毅力，再辅以正确的学习方法，你就完全会学得比别人更好！"

孩子在父母的激励下，必然会信心大增。有了信心，还有什么学不好的呢？

安慰而不是责骂考试不及格的孩子

　　父母怎样处理孩子考试不及格或考不好的情况，会影响孩子的学习态度，从而影响孩子以后的成绩。

　　上初一的尹卫华在月测验中，数学成绩考了 52 分。尹卫华觉得这一个月自己学习已经非常努力了，但不知为什么测验又是不及格，感觉真是糟糕透了。

　　放学后，她回到家里，心里也一点不痛快。按照学校的规定，卷子还必须交给家长过目，由家长签字，以便让家长知道自己的孩子的学习状况。晚上，尹卫华战战兢兢把测验卷子拿给妈妈，妈妈一看成绩，火就上来了，冲口而出："再不用功，看你将来怎么办？"尹卫华觉得很沮丧，不知道该如何面对将来的人生。

有些父母为孩子的成绩着急时，想告诉他书念得不好，将来便不会成功的道理，却不期然"恐吓"起孩子来。可是，这种恐吓是不会有什么成效的。孩子日后真的想用功时，想起了被父母恐吓的不愉快经历，觉得父母没有真正关心自己的感受，继而沮丧、愤怒，满腔热忱即时灰飞烟灭。谁也不想记起不快的谈话，而父母这些话语却往往深深留在孩子心中。

父母正确的做法应该是：引导孩子说出这次失败的原因，让他自行思考弥补的方法。这种处理方法，既消除了孩子的恐惧，也有值得他学习的东西，父母欣慰之余更了解孩子，不是比责骂他有更多好处吗？

因孩子的成绩不好，父母着急，这是可想而知的。但是教育方法不当，只能适得其反，无形中会让孩子误解，以为父母只关心他的成绩，而不在乎他的感受。如果每个父母都能像下面这位家长对待孩子的成绩，孩子则会信心倍增，重新燃起学习的动力。

　　陈跃然是班里的学习委员，学习成绩自然总是名列前茅。跃然一直对自己的学习很自信，可是，这学期的一次测验他的数学却考了自己有史以来的最低分——70多分，看着考卷上鲜红的"×"，陈跃然很沮丧。

　　陈跃然拿着数学考卷灰溜溜地回到了家，妈妈看着孩子紧皱着眉头，一副心事重重的样子，便走上前去问道："怎么了，发生什么不愉快的事情了？"

　　陈跃然从书包里面拿出考卷对妈妈说道："数学没有

考好，我居然只拿了 70 多分。"

妈妈轻轻地扫了一眼卷子，语气轻快地说道："别泄气，好好找找这次为什么考不好的原因，我相信，只要努力，下一次就能考好。"

陈跃然听到妈妈的话，很意外地问道："考不好，你怎么不批评我呢？"

妈妈笑着说："妈妈相信你这次测验一定也是尽力去完成的了，只是或许有什么题目没有答好，待会把错的题目重新做一遍，下次测验争取考好一点。我对你有信心。"

陈跃然感激地望着母亲笑了。

有的父母一看到孩子的成绩不好，或是考试不及格，脸马上就沉了下来："怎么考得这么差？真丢人！"或者："不及格，你的书怎么读的？真是蠢死了！"

孩子没有考好，或者不及格本来就有些着急和不好意思，甚至难受。羞耻之心，人皆有之。因而，这时孩子最需要的是亲人的关怀，尤其是父母的关怀。如果这时父母能更加关心他一些，帮助他找出失败的原因，鼓励他从中吸取教训，努力学习。孩子也可能会奋发努力，赶上进度。反之，如果一味指责，孩子只会更加悲观失望，甚至内心很可能反抗："丢人就丢人，我笨，我学不好！"进而走上撒谎、涂改成绩的道路。故事里面母亲的教育方法很对，首先她先安慰孩子"别泄气"，让孩子知道父母明白他的悲伤，让孩子感受到父母并没有计较他们的分数，只想帮助他努力做好。

在孩子考试不及格，感到沮丧和悲观时，父母应该热情地鼓励他："不要泄气，我相信只要你努力，上课认真听讲，下课做好作业，就一定能学好，一定能考出好成绩。"这样一来，孩子可能会心情开朗，一心去克服学习中的困难，走出低谷。

在孩子对学习认识不足、不好好读书、考试不及格，或者受到挫折与失败时，父母应该按捺住自己心中的怨气和不满，努力发现孩子的优点，肯定他过去的努力或成绩，鼓励他；帮助他克服弱点，战胜困难。不要泼冷水或者数落孩子的缺点或过失。帮助孩子从沮丧、悲观中走出来。

　　孩子学习上出问题，大多数都是因为自信心不足造成的，而鼓励是帮助孩子恢复自信的最有效方法。因此，父母决不能见孩子考试成绩差就抱怨，表现出失望，而应当针对孩子的某些优点表示赞赏，给予表扬，并鼓励他："其实你只要努力，下次一定能考好！"

父母绝不能说贬低孩子的话

当孩子成绩不及格，他的情绪状况跟输了比赛是差不多的。不过，因为孩子知道父母很关心自己的学业，所以考试不及格给他带来的恐惧、压力、失落更严重。孩子害怕父母的责骂、否定。所以，父母除了要表示明白他的悲伤外，在这个情况下，最重要的是让孩子感受到父母没有计较，只想帮助他努力做好。

　　杨国强今年刚上初一，还没有适应初中的学习生活，成绩变得很差，每次考试都是全班排名的"垫底"。妈妈很是担心，常常和杨国强说，这个社会竞争是如何如何的激烈，要是以后考不上大学的话，那么就很难找到工作了。妈妈一心想把杨国强培养成为一个名牌大学生。

　　杨国强明白妈妈的苦心，也很努力，可是学习成绩就是上不去。这天，杨国强把段考的成绩单给妈妈看，这次杨国强的名次排在全班倒数第 3 名。妈妈一看就火了，她指着成绩单说道："你怎么总是倒数？这样下去甭想考大学！"

　　杨国强惭愧地低下了头，他心里面当然知道妈妈这样发火是应该的，不过他还是忍不住说道："不一定要考大学的呀！"话一出口，就被妈妈喝住了："什么？不考大学？考不上大学，你干吗？就你这成绩，以后准扫大街去……"

　　所有的父母都希望自己的孩子有出息，以后会有一份好的工作，出人头地，这本没有错。但每个孩子都有具体的情况，都有自己的想法。父母应该尊重孩子的实际情况，尊重孩子自己的想法，这样孩子在学习时才不会感到压力过大，才会学得快乐、玩得高兴。

　　如果孩子的成绩与父母的希望相去甚远，父母也不能贬低孩子的能力，并且对孩子的未来妄下定论，说出诸如"以后只能扫大街"之类的话。这些话不但会伤害孩子的自尊心和自信心，而且还有可能使孩子认为这已经没有希望了，而主动放弃努力。

在家庭教育中，父母要避免只看成绩单不看孩子努力程度的错误做法，当孩子用心学习时，即使成绩不理想也要对孩子进行鼓励和表扬。如果孩子成绩不好，父母应该主动帮助孩子寻找原因，这样才有助于孩子学习成绩的提高。此外，家长在帮助孩子提高学习成绩的同时，更要培养孩子健康的心理和良好的素质。这对于孩子的健康成长更为重要。

打骂和讽刺并不能改变孩子不理想的学习成绩，相反只会使孩子变得更没有信心。父母应该对孩子的努力进行表扬，并帮助孩子找到成绩差的真正原因，这样才有助于孩子成绩的提高。

Tips

不要向孩子灌输错误的学习目的，应该告诉孩子学习是为了学到知识，而不是为了应付考试。所以，当考试成绩不好时，应该更加努力学习，而不是因为无法实现考大学的目的而放弃。

不要说学习效率低的孩子头脑不开窍

教育专家指出：学习效率低是孩子成绩差的主要原因之一。父母要耐心帮助孩子解决这个问题。

> 一位女学生平时学习非常刻苦、认真，是全班最用功的，大家给她取了个"学习机器"的外号。她在课堂上认真听讲、课后认真完成作业。她甚至不放过任何看书的时间，包括吃饭、走路、上厕所等，甚至做梦也在背单词。班主任每每训斥那些不认真学习的同学时，总会拿她作榜样："你要是有某某同学十分之一的学习劲头，我肯定你能考上北大或清华。"然而，她的学习成绩却很平常。

这个孩子成绩差，关键就在于学习效率不高，事倍功半。是看上去在学习，即人在学习，心在学习之外。从心理学的角度讲，注意力没有集中到当前的学习任务上，所进行的是无效学习。

这样的孩子性格一般比较内向，或抗拒心理比较强，也比较懂事，不愿意惹家长生气，只好坐在书桌前打发学习时间，也好给自己一个心理安慰。另一种情况就是学习方法不当，对所学的知识反复地进行机械的学习，找不到知识的内在联系，"温故不知新"，学习效率很差，随着年级的提高，知识的加深，越来越跟不上，以至于对学习失去信心。

面对这样的孩子，父母千万不要抱怨他的成绩差，更不要骂孩子头脑笨、不开窍。而应当鼓励孩子的学习精神，同时帮助他寻找科学的学习方法，总结自己学习上的得失，只有这样才能帮助孩子提高学习效率。

怎样才能提高孩子的学习效率呢？不妨试试下面的方法：了解孩子的学习心理规律；处理好学与玩的关系；正视孩子存在的学习能力障碍问题。

大多数家长并不完全了解孩子的实际情况，不知道采取科学的方法来排除这些障碍，反而更加限制孩子的娱乐时间，整天逼着孩子学习。这往往促使孩子一看到书本就头疼，一提到学习就心虚气短，甚至产生厌学的不良情绪。别看孩子一天到晚都坐在书桌前，实际上根本没有学进去。

父母切不可因为孩子学习成绩差而限制孩子的娱乐时间，逼着他学习，否则会适得其反，使孩子慢慢厌恶学习。父母对孩子不必要求过于完美。

帮助孩子找出成绩差的原因

孩子学习成绩差往往存在多方面的原因。家长只有准确地找到这些原因，才能有针对性帮助孩子端正学习态度，有效提高学习成绩，而一味斥责孩子笨，往往于事无补。

父母在培养孩子的过程中，同时会伴随着数不尽的忧愁与烦恼。每一名家长都希望自己的孩子幸福成长，学有所成。家庭教育已成为每位家长培养下一代的必然责任和义务。

关心和培养子女是做父母的责任，但是具体到个人，则因为各种因素的影响，相互间的差距很大，因而父母对自己子女的期望值也存着很大的差异。由于以上原因，在关心孩子学习情况的程度上，及进行家庭教育的过程中，其运用的方法对孩子所产生的影响是很大的。所以，认真研究孩子的心理，开展好家庭教育，是我们每一个家庭需要注重的主要内容之一。

孩子在学龄期的主要生活内容是学习，他们学习的方式一是通过学校学习，这是主要的学习途径；二是通过社会和家庭学习。在学校，教师是孩子的直接教育者，他们的教育成果贯穿于孩子学习的主要过程之中。在社会和家庭中，家长是孩子无私的辅导员，同时也是学校教师最真诚的助手。孩子在学习的过程中不可能总是一帆风顺，往往是呈曲线发展。孩子的学习成绩上升时，教师和家长的满意心情基本上是趋于一致的，鼓励和表扬是基本的表现形式。当孩子的学习成绩下降时，作为家长应如何对待则是一个特别需要引起重视的问题。对此，首先应从找到孩子学习成绩下降的主要原因入手。

一是分析孩子学习成绩下降是否受周围较大事件的影响；二是分析孩子学习成绩下降是否因学习压力过大，出现厌学情绪；三是分析孩子学习成绩下降是否由于近期休息不好，影响了课堂注意力；

四是分析孩子学习成绩下降是否因为好动贪玩，放松了课堂纪律和学习要求；五是分析孩子学习成绩下降是否存在其他的思想波动等。

> **Tips**
>
> 　　每位家长都应该通过与学校老师的沟通，密切注意孩子的学习状况，这样才能在孩子一旦出现学习成绩下降的苗头时及早发现，并根据以上各种因素进行分析，找出原因，对症下药，对孩子进行有效的帮助。

家长对孩子的帮助应有针对性，由于孩子学习成绩下降的原因不同，采取帮助的方法和途径也应有所区别。

一方面，对因受周围较大事件影响而造成学习成绩下降的孩子，应主要以关心安慰为主，使其尽快从不利影响中摆脱出来，恢复学习的自信心。家长也应从以往发生的事件中吸取教训，注意培养孩子的心理素质，为孩子创造良好的学习环境。

另一方面，家长对孩子的期望值过高，不考虑他们的承受能力而盲目地增加课外练习内容，是造成孩子学习压力过重的主要原因之一。家长配合学校开展家教是提高学生学习能力和水平的有效手段，但是练习安排和学习量要掌握适度。一旦压力过重，就应及时减压，以便让孩子轻松学习，不惧怕考试。

激励与赏识差生，树立自信心

孩子的学习成绩如何，永远和孩子的自信心密切相关。孩子如果认为自己的成绩"差"，那么不管他有多聪明，多努力，也很难得优和良，孩子会下意识地向平庸不断靠进。成绩差的孩子，其自信心不但需要激励，还需要外界尤其是父母对孩子的赏识。

家长都想看到自己的孩子自信、自强、乐观向上。关键却在于，家长如何让孩子充满自信，很多家长拔苗助长，向极端走去，却事与愿违。

孩子上学以后，家长的目光开始转向了考试成绩，成绩好坏成为家长关心的头等大事，这本没有什么不对，但是，家长应想好孩子成绩下降时，自己该怎样做？成绩下降本是家长培养孩子自信的大好机会，家长们千万不要对孩子冷嘲热讽，一点也不加以安慰，最后使孩子完全丧失了自信。

其实，自信与否不仅体现在学习上，家长在生活的细枝末节上的教育方式也能培养出自信的孩子。例如，孩子想帮正在忙于做饭的妈妈做些家务活时，一些家长却以"你还太小，干不了"为由把孩子支开；遇到开明点的家长，他们同意孩子帮忙了，但却因孩子不小心帮了倒忙，如不小心把碗打碎了，而不问缘由，对孩子一顿狠批，使孩子以后做起事来战战兢兢，变得缺乏自信，不相信自己的能力；相反，有些家长则耐心地教孩子做家务，孩子如果做错了也给予鼓励；有了一些细小的进步，马上进行表扬，使孩子越来越自信。

因此，可以说自信心是孩子智力发育的重要支柱。

> 认为自己不行的孩子，就会经常对人们说自己不行，如果家长把孩子的弱点对别人讲了，孩子就会更加自责，并在心理上渐渐地把它凝固成事实，这对于孩子的一生来讲是很有害的。这会使孩子默认自己是一个自我失败的人，压抑了孩子的上进心。

下力气矫正孩子学习效率不高的毛病

学习效率不高大多因学习方法不当。父母要矫正孩子学习效率不高的缺点，应从学习方法上给孩子多加指导，只给孩子压力是不行的。

许多孩子成绩难以进步的症结都在于学习效率不高，虽然功夫下得很多，但结果却是事倍功半。面对这样的孩子，许多家长非常为难，不知道该怎么办才好。孩子已经很用功了，再抱怨孩子于心不忍。而孩子自己，肯定比谁都更着急。通常说来，学习成绩最好的学生往往不是那些学习最用功的学生，而是那些摸索出了一套最佳的学习方法、学习效率高的学生。

父母怎样才能帮助孩子提高学习效率呢？教育专家提出了以下建议，供家长们参考。

◎ 不要让孩子一刻不停地扑在学习上

学习时间长并不等于效果好，要提高学习效率，就要了解孩子的学习心理规律，处理好学与玩的关系。我们常看到家长抱着望子成龙的心理，送孩子去上各种各样的学习班，孩子们几乎没有时间玩。这无疑是"强按着牛头让牛喝水"。

有个孩子叫小龙，天资聪颖，家长觉得光在学校学习还不够，又给他报了英语、作文、电子琴、钢琴、绘画，甚至围棋等学习班，结果这个孩子患了多动症，需要进行心理治疗。

所以，过重的学习负担不仅不会提高孩子的学习成绩，反而会造成孩子的心理障碍，影响孩子的学习。

◎ 正视孩子存在的学习能力障碍问题

许多孩子学习能力差，往往是因为他们本身存在着学习能力障碍问题。大多数家长并不完全了解孩子的实际情况，不知道采取科学的方法来排除这些障碍，反而更加限制孩子的娱乐时间，整天逼着孩子学习。往往促使孩子一看到书本就头疼，一提到学习就心虚气短，故意磨磨蹭蹭，甚至产生了厌学的不良情绪。别看孩子一天到晚坐在书桌前，实际上根本没有学进去。

家长要用科学的方法排除孩子的学习能力障碍问题。有针对性的心理训练可以排除孩子的学习能力障碍，提高孩子的学习能力。

◎ 让孩子在玩耍、娱乐中学习

大多数家长一看到孩子在玩，就很不高兴。他们不但要孩子按时完成学校布置的作业，更希望孩子能自觉地多学习更多的东西。殊不知，爱玩是孩子的天性。据心理学家研究发现，在孩子心理发展的过程中，游戏是一个不可或缺的重要内容。孩子的语言能力、归纳概括能力和抽象思维能力等，在游戏中能够得到迅速提高。许多孩子虽然认字和算术能力不错，但由于缺乏充分的游戏训练，他们的自然常识和社会常识都比较少，从而缩小了他们的智力活动范围，他们的灵活性和自理能力都不会强。这些缺点在他们上学后就体现得更加明显。

Tips

　　家长不要一厢情愿地向孩子"灌"知识，把孩子变成被动接受知识的"机器"，而要根据孩子的心理发育规律，因势利导，因材施教，让孩子在游戏中愉快地学习，孩子的学习效率也就能自然而然地得到提高。

◎ 适当寻求他人的帮助

大多数取得成功的人都学会了在适当的时候寻求他人的帮助。家长如果自己辅导不了孩子，在必要时可请专门的家教，为孩子指点迷津。当然，在孩子学习的过程中，父母或者家教的帮助不应超出孩子需求的范围，否则会让孩子产生依赖心理。

◎ 教孩子学会发挥潜意识的作用

人类所获取的 90% 以上的信息都是通过潜意识来实现的。心理学家认为，人类的潜意识决定了人类的生活。因此，在孩子学习的过程中，教会他发挥潜意识的作用特别有益于提高学习效率。挖掘、激活潜意识的方法有这样几种：用视觉形式传递信息和要点；创造安全和谐的身体和心理环境；运动和身体接触；用音乐和声音；通过故事和隐喻与信息连接；深呼吸，进入放松状态。

◎ 让孩子从实践中学习

孩子在实践中获得的知识更能牢记在心，为应付考试而死记硬背下的信息，很快就会忘得一干二净。因为临时抱佛脚得来的知识，只是一种感性的知识，会暂时留在记忆中，随着时间的推移，会呈现一种先快后慢直至最终遗失的规律，而只有经过理性思考所得来的知识才有可能保持得更长久。

◎ 营造温馨的学习环境

为孩子创造一个良好的学习环境，保证孩子能全身心地学习。比如，给孩子提供一个安静的学习空间，父母少看电视，家里尽量少接待客人等。

◎ 让孩子有意识地学习自己最薄弱的一面

让孩子明白，"金无足赤，人无完人"，直面自己的不足，加以克服，就能做到扬长避短，从而增加孩子成功的砝码。学习效率低容易使孩子丧失信心，因此，父母应积极帮助孩子克服这一毛病。

帮助孩子找到适合自身的学习方法

孩子都有自己的学习特点，帮助孩子找到适合自己特点的学习方法是提高孩子学习效率的关键。因此，父母不可忽视对孩子学习方法的正确指导。

只有当父母所采取的教育方式以及孩子自身所采取的学习方式与自己的最佳学习方式完全"匹配"的时候，才能达到最佳的教育效果和学习效果。

然而，我们的教育往往是"大锅饭"，往往无视学生学习上的差异性而采用统一的教育模式。传统上，学校教育主要采取听觉和视觉方式教学，特别是在高年级。所以，那些倾向于视觉和听觉学习方式的孩子通常在学习上容易成功，而那些倾向于运动和触觉方式学习的孩子则存在着困难。

正因为如此，很多学习成绩不好的学生，往往被贴上"学习无能"的标签，事实上，可能他们并不是一个学习无能者。因为很多被标为"学习无能"的孩子，在用适合他们学习方式的措施教学时，大多数人能对学习保持很高的兴致，也学得很好。父母要使孩子找到最佳学习方式，可采取以下几种措施。

◎ 家长应该注意了解孩子是如何学习的

这样，家长就能对孩子在学习上面临的困难有更多的理解，并能帮助孩子找到最适合自己学习的方法。

需要记住的是：这样做并不是给孩子贴上标签，它只是使父母能找到最适合孩子的学习方式和方法。孩子可以通过多种方式学习，但肯定有一种是最适合他的方式。

◎ 帮助孩子利用自己的最佳学习方式

在了解了孩子的最佳学习方式是什么以后，家长和老师应该鼓励孩子在今后的学习过程中更自觉、更积极地利用这一点。对大多数孩子而言，他们并不一定知道如何更自觉、更主动地来"监控"自己的学习过程。他们只是被动的学习者，老师怎么讲，他们就怎样学；他们很少反思自己的学习方法。因此，父母应该帮助孩子意识到自己的最佳学习方式是什么，并通过示范让孩子知道如何更充分地利用自己的"优势通道"。

◎ 帮助孩子运用多种学习方式学习

孩子用最适合自己的学习方式学习无疑可以起到事半功倍的效果。但是，这并不意味着他不能用其他方式学习，也不意味着他永远不能学会用其他方式学习。实际上，应该鼓励孩子使用和提高所有的学习方式。

帮助孩子选择适合自己的学习方式，一个很好的策略是：让孩子用最适合自己的学习方式学习最重要的内容，而练习用其他方式学习不太重要的内容。

提高孩子学习成绩的八种方法

　　每个孩子的具体情况不同，家长应根据孩子的特点和孩子的学习基础，因地制宜，因材施教，帮孩子找到适合自己的学习方法，促使其学习成绩的提高。

　　学习方法是多种多样的，每个人具体使用的方法都不一样，家长要留心观察孩子的学习情况，引导孩子正确运用适合他自己的学习方法，这样，孩子的学习成绩就能迅速得到提高。

◎ 比较学习法

　　比较学习法就是针对某一项学习或研究的专题内容，运用许多资料（或图书）进行对比学习或研究。

◎ 电化学习法

　　电化学习法是指凭借各种现代化的手段，如录音机、电影、电视、电脑来进行学习的一种方法。这种学习方法在多数情况下是与电化教学相对应的。在语言实验中的学习就是运用电化学习法的一种形式。这种学习法，有利于提高学习的效率和效果。因为凭借的手段不只是人的感官，而且还有各种现代化的技术和设备。

◎ 课前预习法

课前自学是学生学好新课，取得高效率的学习成果的基础。如果不搞好课前自学，上新课时就会心中无数，不得要领。老师灌，自己吞，消极被动，食而不化。反之，如果做好了课前自学，不仅可以培养自学能力（主要是独立思考问题的能力），而且可以提高学习新课的兴趣，掌握学习的主动权。

◎ 上课专心

上课是学生理解和掌握基础知识和基本技能，并在此基础上发展认识能力的一个关键环节，如果按上面的要求做好课前自学，学生就能更专心地上课。"学然后知不足"，往往这时学生的注意力高度集中，大脑处于高度兴奋状态，能更主动和灵活地接受老师授课。听讲时，抓住重点，作简要的笔记。不可为记笔记而忘记听老师讲课，要做到耳、手、脑并用。

◎ 课后复习法

老师讲课后，最好当天晚上将其复习一遍。复习是进一步消化理解、巩固记忆的过程。它也是在校学习必不可少的环节。

◎ 作业法

作业是在学生对知识基本理解后运用知识分析、解决问题的过程。学生通过作业和练习，可以进一步加深对知识的理解和记忆，并有利于独立思考能力的培养。只有会用，才是真知。学生在独立完成作业后有时会出现这样的情况。自以为做对了，但经老师的批改后，发现实际上是做错了。为什么会做错呢？有的是疏忽大意造成的；有的是由于对新知识和与新知识有联系的旧知识的错误理解。分析产生错误的原因，纠正在将知识运用于实际的过程中所暴露出来的对知识的错误理解，就是解决疑难问题的过程。

◎ 系统小结

对学习进行系统小结，是学生通过积极的独立思考，达到全面、系统、深刻、牢固地掌握知识和发展认识能力的重要环节。

◎ 想像学习法

如同科学的发明创造离不开想像一样，学习也需要想像。阅读文章，借助于想像，可以加深对作品的理解。解数学中关于行程方面的应用题，发挥想像对理解"相向""相背"等条件会更容易些。而物理学中的光、热能、磁、电等概念原本很抽象，只有通过想像才能更好地把握它们。总之，在学习过程中，如果能运用想像，学习知识会顺利得多。

改变孩子做作业马虎的态度

不少孩子对做作业采取敷衍了事的态度，对此，父母应该态度
坚决，严加督促，而不能让孩子因贪玩而形成马虎的习惯。

于宁已经是小学五年级的学生了，个子长得也高，俨
然像个小大人。但是，他做作业却从来是有始无终。于宁
完成作业的最后情景经常是这样的：匆匆忙忙地、飞快地
将作业写完，不管对错，将铅笔往桌上一扔，像脱缰的野
马一样，迅速地离开书桌，跑向电视机前或奔向门外。书
桌上，满摊着他的作业本、练习册、课本以及铅笔、橡皮。
通常是宁宁的妈妈，先将书桌整理清楚，将他的课本、铅
笔盒等一一放入书包，然后再认真地将他的作业从头到尾
检查一遍，用铅笔将错误的地方勾画出来（通常总会有错
误，而且不会太少），再将孩子叫回来改正。

对于妈妈指出的错误，于宁想都不想，也不问为什么
错了，拿过来就改。时常，改过的作业还是错的。当他再
被叫来改错时，他就会不耐烦，大声嚷着问："你说应该
怎么做？"

在这个例子中，我们不能说于宁是独立完成作业的。"写完"

作业并不意味着作业的完成。事实上，作业的检查是作业完成中的一项重要工作，而这项工作却由家长来承担了。

孩子的任务似乎只是写作业，并不需要对作业的质量负责。整理书包是谁的工作呢？在这里也成了父母的。

那么，孩子在学校时，这些工作由谁做呢？当然只能由孩子自己来做。为什么在家里就要由家长来承担呢？造成这种局面的责任在谁呢？

孩子的责任感和责任能力是通过锻炼形成的。锻炼则意味着由孩子自己去承担活动，并明晰活动的目的、步骤以及要求等。这种锻炼机会最初应当由家长来提供，并提出恰当的要求，加以正确的引导。

毫无疑问，是许多父母本人剥夺了孩子成为一名完全学生的某些义务和权利。那么，家长为什么会这样做呢？究其根源，大致有以下几个方面。

一是只关注孩子的学习成绩，并且只对可测量的、能够标识孩子学习成绩的那些方面进行要求。

二是想为孩子提供一切"有利"条件，保证孩子能够有更多的时间用于"学习"上。

三是不知道孩子的学习是各方面相互促进，共同提高的。

四是没有意识到知识学习只是孩子成长中很小的一部分，重要的是要通过学习知识，学会从事其他活动的能力。

如我们的例子中所列举的那位家长，最终只能事与愿违：孩子对学习越来越不上心，作业越来越马虎，家长感到越来越力不从心，孩子越来越不听家长的话。

父母针对孩子的毛病，可以按以下步骤去做。

① 提议孩子与家长一起检查作业。

② 就某些作业问题让孩子说明是否正确，以及他自己的理由。

③ 逐渐表现出对孩子的教学内容不太熟悉的样子。

④ 对孩子作业中的错误，不要表达自己的修正意见，建议孩子自己重新思考。

⑤ 放手让孩子自己去检查作业。

至于整理书包，家长大可不必担心他会丢三落四。即使他可能忘了装一本书，或忘了装橡皮，也不会太影响他的学习。而且，即使暂时影响了学习，通过这样的教训，从此他会细心、认真检查自己的每一样东西，对自己的事认真负责起来。对孩子学习上的事情，家长绝不应越俎代庖。

告别差生，提高成绩的四大途径

家有差生怎么办？对此父母的责任是进行正确引导，以科学的方法，鼓励和帮助孩子从差生转化为优等生。其中最重要的关键，取决于家长的态度和教育方式。

在学校教育中，学生的学习成绩往往是有些差距的。但这种差距不是绝对的，你的孩子可能是优等生，也可能是差等生，但绝不会永远是差等生。关键就在于你的行动与态度。

那么，如何帮助孩子告别"差生"呢？不妨按下面的四个途径尝试一下，说不定会收到意外的惊喜。

◎ 让孩子发挥特长

对于成绩差的孩子来说，差只是相对的。俗话说："尺有所短，寸有所长。"有些孩子虽然总的成绩不佳，但很可能课内或课外有长于他人之处。往往某一点长处便是希望的火种，千万不可小看了它。家长应当全面地看待孩子的能力发展状况，创造时机，让孩子充分显示其长处和优点，使孩子体验到成功的欢乐，获得心理补偿和平衡，激发其学习的自信和勇气。

对于成绩差的孩子，任何形式的不信任或冷眼相看，都会伤害他们的自尊和自信，作为孩子的父母要尊重、信任他们，让他们发挥所长，促进其转化。

◎ 训练孩子对学习结果进行适当的归因

所谓归因是指寻找自己或别人行为结果的原因的过程。心理学研究表明，一个人对自己的同一行为结果进行不同的归因，对他的动机和情绪的影响是不一样的。父母在引导孩子进行适当的归因时，一方面要引导他们实事求是地进行归因；另一方面要对他们加强内部归因训练，即将成功归因于自己的能力强、学习努力，将失败归因于自己努力不够、学习方法不好。这对孩子增强自信心、树立远大抱负是必要的。

◎ 运用诱导的语言艺术

大多数家长不知道如何去诱导孩子，而不恰当的同情与鼓励，有时也会无意中伤害孩子的上进心。家长如果向留级的孩子说："我知道你不是天才，所以并没期望你创造奇迹。我只求你尽力而为，如果能升级，我就很满意了。"这种话就不可能促使孩子更加用功，即使他尽力而为了，所得到的也不过是屈辱的"过关"而已。

Tips

教育专家认为，对学习成绩差的孩子诱导的最有效的方法，是唤醒孩子自身的潜能，然后，孩子就能自己拯救自己。

◎ 指导孩子攻读不擅长的学科

无论哪个学生都有不擅长的学科，并常常为找不到提高这一学科成绩的方法而焦虑。如有的孩子本来有一定的能力，只要刻苦攻读就能学得很好，可是他把一个学科认定为不擅长的科目，不去学习它，结果真的成了不擅长的学科了。

认为自己对某一学科不擅长似乎有各种各样的原因，而更多的是由于在考试中得了低分数。往往是偶然一两次得了低分数，就成了产生这种气馁心理的转机。因此，必须先冷静地了解一下是不是真正不擅长。

另外，也有不少人由于不喜欢这个学科的老师，就对这一学科的学习松懈起来，结果使之成了不擅长的学科。如果出现这种情况，应把对老师的反感排除掉，改变对老师的看法。

　　从这些情况看，偏科的现象，不少是由于偏见和误会造成的。因此，首先要自己来清除这些误解，相信只要刻苦学习就一定能改变状况。这种自信心是很重要的。

　　至于对真正不喜欢的学科，就要拿出充分的时间和精力攻一下，如果不用比擅长学科多一两倍的精力和时间，成绩恐怕就提高不了。这并不是仅仅因为能力不行，而是必须尽快缩短与别人的差距。

驱散孩子心头"失败综合征"的阴影

　　孩子面对失败往往会产生沮丧情绪，这种情绪会影响到孩子的学习和生活。因此，父母要多鼓励孩子用自信驱散心中的阴影。

　　张涛是小学五年级的学生，马上要小学毕业了。张涛的妈妈反映，小学一年级的时候，张涛的成绩还可以，但是到二三年级时，成绩一直不好。到了四年级以后，张涛对学习就完全持无所谓的态度了，父母、老师责备也好，好言相劝也好，就是推不动他。他似乎对学习、对自己的成绩以及对老师、家长的批评都无所谓。用张涛爸爸的话说："现在我们最着急的倒不是他的成绩，而是他的态度。平时成绩不及格或挨老师批评的时候，我们看不出他有任何着急或者不好意思；偶尔，他表现出一点进步，我们也

会表扬他，可是，你表扬他时，他也不会表现出任何高兴
的样子，整个一副无动于衷的样子。"

据一位心理学家分析，张涛这种情况叫"失败综合征"。所谓"失
败综合征"，即失败不是由于自己缺乏能力，而是由于心理上的原因，
由于根本没有努力而遭受失败。

那么，孩子的这种"失败综合征"是如何才能被驱散呢？让孩
子获得成功体验是父母帮助孩子克服"失败综合征"的重要方法。

◎ 帮助孩子处理可能的障碍

孩子在学习的路上可能存在许多障碍。比如，知识的学习是积
累性的，以前学习的知识如果不扎实，那除了要学好现在的知识外，
还要对以前的知识缺漏进行弥补。家长可以想办法帮助孩子弥补知
识的缺漏，帮助孩子排除知识缺漏问题。

◎ 将孩子置身于容易取得成功的地方

孩子学习成绩差可能是普遍性的。如果要求孩子在短时期内将
各门功课都赶上来，可能会很困难，而且容易导致孩子的畏难情绪。
因此，可以帮助孩子找到一门他比较感兴趣的学科，集中精力学好
这一门学科，以此为突破口，让孩子感受到成功的乐趣和自身的能力。

◎ 采取小步子前进的策略

一个成绩一直不好的学生是很难"一口吃成一个胖子"的。家长可以指导孩子将目标分解成一个个较容易达到的小目标，这样，每达到一个小目标就是一次胜利，从而让孩子一直带着胜利的喜悦去攻克最终的大目标。

◎ 掌握积极的归因模式

成绩水平相同的学生，可以有不同的成功期望。原因之一，可能是他们对过去成功和失败有不同的理解，作出了不同的归因。一个将失败归因于能力或任务困难的人，可能只有较低的期望，轻易放弃期望，或者将来选择较低水平的追求。一个将失败归因于缺乏努力的人，可能下次较为努力。

Tips

教导孩子将成功归因于自己的能力，将失败归因于缺乏努力等自己能控制的因素，有助于保持孩子积极的学习态度和动机，培养他们的学习自信心，最终有助于他们学习成绩的提高。

◎ 让孩子感觉到自己的价值

处于"失败综合征"中的孩子往往有一种看法，认为父母、老师把孩子本人同他的行为表现结果等同起来。孩子就会认为自己的价值完全取决于自己的行为表现，他们会认为只有成功的人、学习成绩好的人才是有价值的，而自己的成绩总是不好，因此毫无价值。这样，让孩子感觉到自己的价值对孩子的成长无疑至关重要。

◎ 称赞孩子的善良人品

父母经常称赞孩子的善良人品，等于向孩子暗示：父母看重他，不仅仅是因为他在学校的成绩；即使他学习成绩下降，他还有其他的优秀品质，有自己的价值。这样，孩子就会在对自己肯定的同时，更加努力。

◎ 保持对孩子的高期望

在孩子多次失败后，许多父母会对孩子丧失信心，对孩子的期望和要求随之降低。实际上，父母对孩子的能力的期望，会直接影响孩子的自信和成功期望。父母的低要求和低期望是不相信孩子能力的表现，相反，父母的高期望只要不是不可企望的，就能为孩子提供一种信任感，也能让孩子感到一种胜任感，从而使他今后更加努力。

◎ 鼓励孩子的课外兴趣

对于学习成绩不佳的孩子，很多家长会心急地将孩子牢牢地"钉"在功课上，完全剥夺孩子开展"课外兴趣"的时间和权利。殊不知，鼓励孩子开展课外兴趣，既可以使孩子多一条"成功之路"，多一个发挥才能的领域，同时也是父母"爱心"的体现。孩子会觉得尽管自己学习成绩不好，但父母还支持他的课外兴趣，表明父母并没有对他全面丧失信心，也表明父母还是爱他的。这无疑是对孩子的最好激励。

◎ 做一个"善于"评价的家长

家长对孩子的评价会极大地影响孩子的自尊心和自信心。善于评价孩子的家长可以避免孩子进入"习惯性无助"状态。

父母应避免给孩子"贴标签"，避免用使人丧失信心的话来评价孩子的学习和能力。

在评价孩子学习的时候，父母应更多地注重对学习过程的评价而不是只看重结果，评价孩子时采用个人标准而不是集体标准。父母应对孩子的每一点进步表示赞赏和鼓励。

二　怎样教育贪玩的孩子

贪玩是许多孩子难改的毛病，常常导致孩子学业荒废。面对贪玩的孩子，父母只有将话说到心窝里，真正打动孩子，才能帮助孩子纠正这一不良习惯。

孩子贪玩，父母有不可推卸的责任

造成孩子贪玩的家庭根源，主要在于对孩子过多地指责和冷嘲热讽，过于关注学习的外在目的，从而使孩子体会不到学习的真正乐趣。

> 耿乐的妈妈向一位教育专家咨询时说："乐乐越来越贪玩了，一听说学习就愁眉苦脸。哪像小时候啊！那时，自己主动拿着笔写字，求我们给他讲故事……现在反倒不如从前了。"

孩子为什么渐渐地不爱学习了呢？专家分析指出，主要有如下原因。

◎ 对孩子过多的指责和冷嘲热讽

比如，孩子经常听到家长这类的训斥："你光知道玩，一点也不用功。""你天天到学校是干什么去了？怎么一考试就考这么点分？""玩起来你倒是挺起劲儿的，怎么一说学习就打蔫了呢？"

毫无疑问，这样的责备总是让孩子把学习和不愉快的情绪联系起来。慢慢地，孩子自然就更加贪玩了。

◎ 过分重视孩子成绩差的学科

过分重视孩子成绩差的学科使孩子丧失学习的兴趣和信心。

王军的语文、自然等科目的成绩一直不错，但数学成绩却总不理想。刚刚二年级的学生，数学就常常不及格。

为此，他的成绩名次在班里总排到靠后的位置。妈妈很着急，常对儿子说："你的数学怎么老是不行？在家里得好好补补，要不以后就更跟不上了。"王军也总说自己的数学"就是不行"，但他根本不想花工夫补数学，他觉得数学很难学，很讨厌。一上数学课不是睡觉就是玩小东西。

◎ 过于关注学习的外在目的

过分关注学习的外在目的会使孩子感受不到学习的乐趣。

王英妈妈总是这样要求孩子："努力啊，你要在班级里考到前 10 名才行。""有好成绩，你才能考上重点初中，然后上重点高中，直至上重点大学。这样，你的前程就不用发愁了。""先苦后甜。现在虽然苦一点，但是将来有一个好前途，是值得的。"

对于一个孩子来说，要让他坚持十年寒窗来换取将来的光明前途，是太抽象、太遥远了。将来到底是怎样的？为什么要用现在的"苦"来换取那个虚无缥缈的"将来"呢？

◎ 将孩子的成绩与他人攀比

陈可的父母热衷于将自己的孩子和别的孩子相比。考试过后，他们不关心陈可是否比以前有进步，什么地方还没弄明白，而是说："你怎么又是 26 名？怎么就不上进呢？"慢慢地，陈可厌倦了，总认为：无论他怎样努力，总是有比他学习更好的同学，父母总还是不满意。因此更没有信心学习了。只要有同学叫他，他便跑出去玩。

以上列举的这些，具有很强的代表性，都是致使许多孩子厌学贪玩的家庭原因。

经过对贪玩孩子的家庭情况分析，专家指出：家长应该懂得，在一个班集体中，名列前茅的学生永远只能是少数。要求孩子名列前茅，对大多数孩子来说是可望而不可即的事情。孩子渴望得到表扬与承认。如果他不能在学习上显示自己的优势，他只能放弃学习而转向玩耍，甚至在小群体里当"小头目""小霸王"，等等。

家长们应认识到，孩子贪玩有着很深的家庭根源。家长在教育和培养孩子的过程中，必须注意运用良好的教育方法，提高孩子的学习热情，从而切实防止孩子因贪玩而放弃学习。

用语言巧妙引导贪玩的孩子

孩子都会贪玩，因为爱玩是孩子的天性。父母禁止或不允许孩子玩是不可能的。要想让孩子完成学习任务后再玩，只有引导和激励的方法最为有效。

有一个孩子很贪玩，每天放学后就像出笼的小鸟，尽兴地玩耍；直到玩得满头大汗，才去做作业；作业也极为马虎，常常出错。父亲为此很生气，几乎天天批评、数落他，可孩子总也改正不了贪玩的毛病。

恰好孩子的舅妈从外地来，她是个教师。舅妈看这孩子和小朋友玩得很好，趁他回家喝水的工夫，边替他擦汗边对他说："你跟小伙伴们玩得不错，很团结，还知道让

着别人，真是个好孩子。你能不能先和小伙伴们一块做完
作业再玩？做完作业再玩，不是玩得更开心吗？"

　　孩子很懂事地点点头。从此，孩子养成了一个好习惯，
他总是一放学，先做作业，然后再去玩。

　　学习是孩子的主要任务，因此父母一定要让孩子在完成学习任
务之后，才能从事其他活动。但是，由于教育不当，或者父母的放任，
一些孩子总是不能自觉地做到这点。其实，孩子都是有上进心的，
包括那些缺点、毛病比较多的孩子，只要父母善于用鼓励的方法，
他们就很容易明白道理，把学习放到第一位。

　　孩子由于进步而受到父母的表扬和鼓励时，会在情绪上得到满
足，精神上受到激励，在心理上产生快感。这样，他积极的内心体
验就会逐步丰富和加深，从而更增加自信心、自尊心和上进心，产
生再进步的欲望。如果孩子总是受批评，总是产生不快的内心体验，
他们的情绪就越来越低落，逐渐丧失自信心、自尊心和上进心。

　　很多父母对贪玩的孩子总是抱有成见、偏见，从感情上就讨厌，
即使孩子有积极的因素也视而不见。抱着这种态度和情绪教育孩子，
只能是批评来批评去，孩子的学习进取心和精神支柱就在父母无休
止的批评中被销蚀了，被搞垮了，反而更难以教育了。

　　贪玩的孩子也有上进心，他们更需要父母们的激励。父母一定
要懂得去发现孩子的正确行为，而且予以鼓励和赏识，这需要父母
在孩子的日常生活中投入一定的耐心和爱心。只有这样，才能给爱
贪玩的孩子以进步的动力，使这些孩子自觉地改正，最终成为健康、
快乐、积极上进的孩子。

> ### Tips
>
> 　贪玩的孩子身上也有积极因素，总有所长，只不过是不太显著、突出而已。如果父母不抱成见的话，肯定会发现孩子身上有很多的优点。

教育贪玩的孩子切忌唠叨数落

　　家长若要想改变贪玩的孩子，必先从自身找原因，从自身的改变开始，就是要尽可能地剔除自己头脑里不合时宜的旧框框、旧经验、旧模式、旧做法，而采用适当的新思想、新模式、新做法。

　　下面就是几种常见的错误家教方式。

◎ 唠叨式

　　很多孩子说，一听父母唠叨，他就烦。做父母的不妨换位思考，如果夫妻之间对方老唠叨，那你们烦不烦？做丈夫的唠叨，妻子烦；做妻子的唠叨，丈夫烦。因此，孩子对唠叨的厌烦是显而易见的。

◎ 数落式

　　有的唠叨式同时就是数落式。你怎么不用功啊？你怎么不长进啊？总是在那儿数落。数落比唠叨更让孩子难以接受，因为数落常常带有谴责性质。

数落式家教往往破坏孩子的学习状态，把孩子学习的积极性给压制住了，孩子因产生逆反心理而贪玩。

◎ 训骂式

训骂更易使孩子产生逆反心理，其结果不仅不会使孩子成绩提高，而且会使孩子更加厌学，甚至逃学。

◎ 达标式

规定孩子下次考试平均成绩必须达到多少分，名次要进入前几名，这叫达标式。

达标式也是伤害孩子积极性的一种家教方式。先给孩子制定一个标准，使孩子心理上特别紧张，担心达不了标。而孩子往往是越担心越达不了标，因为心理上的压力使他很难自由发挥，也很难发挥出应有的水平。

◎ 疲劳式

学校搞题海战术，家长再增加学习时间、练习作业，这就是疲劳式教育。

孩子的精力是有限的，超负荷学习会给孩子的身心健康带来伤害，最终只能是欲速而不达。

◎ 陪读式

对于孩子的学习和生活，家长都替他操心，问长问短，没完没了地辅导，一天到晚陪着孩子。这也是错误的方法。

以上几种错误的家教方式是导致孩子逃避学习和贪玩的重要原因。要改变孩子贪玩，父母首先要从自身做起，改变不正确的家庭方式，采用科学的家教方法指导教育孩子。

　　每个孩子都爱玩，其实对于孩子来说，贪玩并非坏事，会玩的孩才会更好地学习，玩可以帮助孩子开发智力，促进孩子的想像力和创造力，所以家长不可以阻止孩子玩。当然，如果孩子过于贪玩而影响了学习，家长还是要给予正确的限制和引导。

贪玩的孩子就是坏孩子吗？

大多数父母都有一个错误的认识，那就是孩子贪玩，不是件好事，玩耍是在浪费时间，学不到东西。正是这种错误的认识导致了错误的行为，他们不知道玩对于一个孩子健康成长的重要性。

高尔基曾指出："游戏是儿童认识世界的途径。"著名教育家苏霍姆林斯基同样认为："世界在游戏中向儿童展现，儿童的创造才能也是在游戏中显示的。"

每个孩子都喜欢玩，游戏成了他们生活中最大的乐趣。有些父母却不理解，他们以为，爱玩的孩子没出息，并且以各种形式反对和限制孩子们的玩。岂不知，这样做是家教的严重失误，是父母的无知。

1906年获诺贝尔奖的卡哈尔小时候很贪玩。他酷爱绘画，还喜欢养鸟、舞刀弄剑和玩打仗游戏。他讨厌学校严厉的校规，并把它称之为"恐怖统治"。他表现得桀骜不驯，被学校关禁闭是常有的事。有一次，他决定利用自己学到的知识，造一门"真"的大炮，并向邻居家的小伙伴们大显身手，结果真的将邻居的孩子打伤了。这下可闯了大祸，邻居孩子的父母出来干涉，除了罚款之外，卡哈尔还被警方拘留，挨了三天饿。当他从拘留所出来以后，身为大学教授的父亲把这个顽童狠狠地训斥了一顿，并决定不再让他读书，而是让他去学习手艺，先去学理发，后去学修鞋。

卡哈尔当了两年的学徒。父亲冷静之后，让他回到了家里。父亲开始反省自己，孩子为了一次过失承受了这么严厉的惩罚，似乎有些残忍。他觉得有些对不住孩子，从此他亲自执教，担任了孩子的生物学老师。他领孩子去坟场解剖动物，去坟场寻找骷髅。17岁时，卡哈尔绘制的人体解剖图谱已超过了在大学做解剖学教授的父亲。

研究表明，儿童入学前学的东西，比任何时候都要多，学得也快，且大部分是在玩耍中学到的。英国支持儿童玩耍全国委员会协调人安娜的观点更鲜明："玩耍同正式教育一样重要，没有计划进行各种玩耍的儿童，在情感身体以及成年后的社交或科学研究方面的发展速度，远远不如拥有这种机会的同龄者。"此观点已经得到美国专家的实验证实。

根据一项调查，有的国家小学一年级儿童每星期用于运动和玩耍的时间是人均 20 小时，而我国儿童却不到 10 小时。中国绝大多数学生把课余时间用于学习，而在国外刚好相反，几乎所有的儿童把课余时间用于看电视、运动和游戏玩耍。

玩，可以发展孩子的智力，玩耍和游戏具有协调神经和运动的功能，并能促进其发展。孩子们在玩耍和游戏中需要彼此合作，语言交流必不可少，而且相当重要。孩子们用语言来传情达意，思维能力从而得到发展。

玩，可以培养孩子良好的道德品质和行为习惯。玩耍和游戏使孩子接触小朋友，学会交往，培养社会交往能力，学会关心别人以及尽职尽责；培养儿童的集体主义观念和集体荣誉感，以及遵守纪律、克服困难和坚持到底的精神；培养孩子活泼开朗、勇敢机智的性格。

玩，对孩子的健康成长起到一定的作用。玩耍，可以丰富孩子的信息，提高孩子的智力发展水平，还可以陶冶情操，锻炼意志，提高自控能力，可以激发孩子的学习兴趣，提高动手的技能和技巧，从而提高孩子的学习能力。

好玩是人的天性，在人生最初八年更是这样。玩耍时孩子大脑的敏锐度会显著增高，对渗透其间的知识特别容易接受，对智能的激发作用最强，因而可以收到事半功倍的效果。

从某种意义上说，玩也是一种学习

孩子贪玩并不是坏事，其实玩耍也是一种学习。会玩的孩子肯定也会学习，而且会学得很好，作为父母应当教孩子在玩耍中学习，渐渐地把孩子的兴趣吸引到学习上来。

科学研究发现：会玩的孩子才会学，玩可以促进孩子的学习，其实玩本身也是一种学习，孩子在玩中可以开发智力，锻炼思维能力。孩子的成长过程有一件最主要的事情，那就是学习。为了将来具备更强有力的创造能力，需要学习。当然在成长的过程中，通过学习会有相应的体会，很可能会有创造的行为。为什么有许多小孩子会做出我们大人都想不出的发明，就是因为他掌握的知识的体会和升华。而他的学习范围不仅仅是文化知识的，也有道德的、个性的、审美的，孩子的玩，从根本上来讲也是学习，有时甚至是一种最重要的学习方式。

玩这种学习不仅可以满足孩子娱乐的需要，还能使他发现自己的特长和擅长，更能使他学会与他人的交流。而当孩子玩累了还会把读书当作休息。家长们只有正确对待孩子的玩，才能使孩子真正生活得快乐，玩有所得。

当然，也要看到事物的另一面，由于孩子缺乏对行为的自我控制和对是非的认知能力，而极易导致盲目任性的玩。这种贪乐的玩只会让人玩物丧志，沉溺其中，不能自拔，从生理学角度来讲，玩会上瘾，失控、失度的玩会让孩子任性和无法自拔，这样的玩要避免。父母从小培养孩子玩，培养孩子合理的兴趣，是提高玩的效率和意义的重要方法，玩是可以调整塑造的。

比如一般孩子喜欢的电子游戏，科学家研究发现，长时间玩电脑游戏，会对人的大脑造成永久性伤害。科研人员对 240 名爱好游戏的孩子进行了研究，发现他们大部分人无法集中精力，并且感到紧张疲劳；其中每天玩游戏超过七个小时的孩子，大脑额叶区域会受到永久性伤害，而该区域对情绪和创造性思考具有重要影响。科研人员认为，对于孩子们来说，与朋友参加户外活动是最好的娱乐方式。

为什么很多孩子沉迷于电子游戏，父母虽然知道不好，却没有办法调整，更重要的原因是父母与孩子的交流不足，简单粗暴的阻挠往往更坚定了玩的决心。所以常有父母讲："如果你把玩的那份劲头和聪明用在学习上，成绩就不会那么糟了！"

> **Tips**
>
> 　　玩和学习是对立又统一的，孩子只会学习是不能发展的，玩使孩子眼界开阔，使孩子学会交流协作，使孩子的思维能力得到训练发展。

　　家长需要注意的是，玩需要约定，既然会与学习发生矛盾，那家长就应该协调孩子学习与玩的关系，就好比困了要睡，是睡觉时间，不是玩的时间一样，尽早树立这种观念是非常必要的。玩就是玩，学习就是学习，玩不是学习的诱饵。由于家长对孩子的玩错误地理解，错误地安排，把玩当成是工具，粗暴地阻断玩和学习的关系是今天家教中最大的弊端。

　　生活中，不同的孩子有不同的玩法，就像不同的成年人有着不同的娱乐方式一样，有人在闲的时候把看字典当作休闲和娱乐，有人在脑子累的时候会把洗衣服当作放松。其实，孩子正常的玩是学习生活的积极补充，玩不好，学习也不会好。但是玩不好更多是说有些孩子不能控制自己，玩的过度就是不合适的玩，对学习就会有不良的影响。其实对玩的认识和感觉本应该是严肃的，为什么不能科学地去玩呢？为什么不能带着正直的心灵去玩？为什么不带着目的去玩？所以聪明的家长会教导孩子去聪明地玩，而不是瞎玩，乱玩，任性地玩。

　　著名教育专家卡尔喊特认为游戏对孩子有很多好处：可以满足孩子的好奇心和求知欲；可以训练孩子主动性、独立性和创造性；能够提高孩子的观察力、记忆力、判断力、想像力和创造力，并且能够丰富孩子的内心世界，还有利于提高孩子的语言能力，训练孩子的组织能力。有时，父母与孩子一起做游戏，不仅可以帮助孩子加深对故事的理解，而且还可以开发孩子的创造力。在游戏中，孩子与父母都可以充当各种不同的角色，用不同声调或动作去演绎一些优秀的作品。这对孩子各方面的成长都会产生有益的影响，特别能够对孩子的心灵产生美的启迪。

既然这样，父母何不让孩子在快乐中游戏，在游戏中学习，在学习中健康全面地发展呢？

了解并正确引导贪玩的孩子

玩耍与游戏是孩子的天性。每个孩子玩的方式虽各种各样，但细心观察会发现，孩子们具有一些共同的特点，父母应当发现并针对这些特点对孩子予以必要的指导，寓教于乐。

现实中的孩子，虽然都很贪玩，并且以不同的方式自娱或与小朋友一同分享游戏的快乐。但仔细观察会发现一些共同的特点：一是很多孩子想玩不会玩，爱玩却瞎玩。如果去问许多小孩，你喜欢玩什么？他们的答案会令家长们惊讶，回答是玩电子游戏和看电视动画片的最多。生活的天地那么宽阔，有那么多的事情值得孩子们去探索，但孩子居然对玩的感觉是那么麻木。

对于电子游戏来说，大多数人的态度是否定的，为什么电子游戏又被称之为电子毒品？许多家长知其然而不知其所以然。电子游戏的大多数玩法本身没有什么价值，但玩电子游戏最大的危害是，由于更多和计算机交流，减少玩者与人交流的时间和机会，倒是有很多电子游戏的爱好者变得更加暴躁、自闭、孤僻了。尤其对越小的和学习越差的孩子越是如此。年龄小的孩子正是处在价值观等形成的时期，但是电子游戏不会给他这些。学习差的孩子往往在正常社会里难得到别人的理解和沟通，发现在电脑里可以找到自己的快乐，所以更是使自己深陷其中。

二是学得不好，玩得也不好。玩的时候脑子里想的却可能是玩完后会挨骂，所以玩得不投入，不尽兴，缺乏足够的快乐，难得忘我专心去玩，而学习的时候却老想着玩，心不在焉，学习的效率自然也不高，身在这里心想着玩，最后是玩不好也没有学好。而家长对玩的态度也很暧昧，知道应该让孩子玩，但怕孩子玩。明明管不住，还是要限制。

三是学习越好，越是全面发展的孩子越有时间玩，也越会玩。家长们经常会听说谁的孩子上了清华了，哪个孩子又有什么比赛获奖了，还参加过什么运动比赛之类的，还喜欢弹琴，而且还是什么社团的负责人等。而我们有些家长怕耽误孩子的学习，不让参加这个活动，不让参加那个娱乐，结果孩子的学习还是没有什么起色。把玩与学习简单地孤立和对立起来，事实证明是非常不合理的。也有的家长会说，我家的那个孩子自从参加了什么队，或者是担任了什么班级干部后，学习就下降了。这种情况的出现是由于你的孩子根本不会学习，外界出现了一点变化，成绩就受到负面影响，这样的学习能力也太差了，不找自己学习的毛病，却说什么不该担任什么干部等，把原因归咎于社会活动过多是毫无道理和非常荒谬的。在教育专家看来，玩是最能训练人的智慧的了。

　　作为家长应该关心的几个很重要的问题是，让孩子玩什么？和谁玩？家长如果一开始对孩子玩采取的是放任的态度，其结果一定会是陷入紧密限制，严加管理的被动局面。

　　如果一开始对玩是采取忽视孩子个性和兴趣的选择，其结果将很容易会使家长和子女的关系陷入对立。

　　很多家长虽然也不反对孩子玩，但又担心由于孩子的自控能力较差而毫无克制地玩，所以干脆限制玩的时间和内容。表面上看，这个观点是没有错的。但父母是没有什么理由和信心让孩子从对玩的相思中解脱出来的。另有些父母由于拿不出很好的办法，所以只能靠瞪眼、批评、打骂来约束孩子那颗贪玩的心，很明显那是非常不理智和不实际的。

　　家长对孩子交往的朋友是非常关心的，孩子们常常能听到父母这样的劝诫："你要和××玩，要多和他在一起，而××是差同学，不要总和他一起"等。

　　的确，有的孩子就是因为交了不好的朋友而走上歧途。这样的事情太多见了，家长的考虑和担忧是对的，所以为了防患于未然，做此提醒也是情理之中。

　　孩子其实选择什么样的朋友，他自己的本性就已经决定了他的社交特点和类型。即所谓"物以类聚，人以群分"。但是一个孩子在成长过程中，因为缺乏经验，由于对某些人或某些人做的某些事情有强烈的好奇心，所以不可避免有强烈的接触和交流欲望，这是难免的。所以在这个问题上，做家长的不要简单地评价和批评孩子对待朋友的方式。做得不好，很容易引起逆反心理，事情反而快速地朝着相反的方向发展。

通常，如果个性健康的孩子喜欢和比他强的人一起玩并且交朋友，是希望从他那里学到一些自己身上没有的东西，喜欢和比他差的人交往，是希望能给予那个人友善的关怀和帮助。关键的不是孩子和谁接触，而是孩子本身是个什么样的人，只有自己的个性强大了，才不容易受外界影响。所以，家长应该关注的是了解自己的孩子为什么要和某个同学交往，而不是对方那个同学怎么样。父母留意孩子的玩伴，是观察和调整孩子个性的好时机。而留意和调整孩子和玩伴一起玩的过程，对培养和训练孩子的团队合作精神有极大的裨益。

适度引导，让孩子在游戏中健康成长

既然玩是孩子的天性，游戏是孩子成长与学习的一种重要形式，那么孩子不会玩就不能很好地成长，父母通过正确地引导，就能使游戏促进孩子的身体和心理的健康成长。

贪玩的孩子，常常会遭到家长这样的警告：天天只知道玩，将来干不了大事，准没出息！

果真如此吗？难道贪玩的孩子就一定没出息吗？看看几位名人的经历，就知道这种想法是带有偏见的错误观点。

陈毅小时候酷爱踢球，为能踢球，他想过各种办法，把猪尿泡（膀胱）吹起来，用布或皮子缝合起来当球踢。

列宁小时候喜欢玩小动物，观察小动物的出没。一次他观察屎壳郎的洞，发现屎壳郎就像一名工程师，把洞里安排得井井有条，洞里面分了许多小格子，他发现了那些空格子的用途，还了解到屎壳郎的繁殖过程。

爱迪生小时候看见母鸡在鸡窝里孵小鸡，他也去鸡窝孵小鸡，他想为什么母鸡能孵出小鸡而我不能？他通过玩，接触了许多事物，对不明白的事物都存有好奇心，经常提出一些怪问题，最后终于成为世界大发明家。

所以，认为贪玩的孩子不能成才，这是不正确的想法。"游戏是儿童的天职"，孩子不玩就不能很好地成长。游戏能以各种方式促进孩子的身体健康，创造性的游戏活动有助于培养儿童良好的自我意识。在游戏活动中，往往无所谓正确与错误，因此孩子常能不受任何失败的威胁，而且他们总是在某种情况上获得成功。这样孩子就自认为自己能干，从而增强自信心。即使是在不顺利时，他们也没有什么思想负担，因此通过游戏，孩子总会把自己看作是成功的、有价值的，这是培养孩子健康的心理及人生观的重要起步，而且这也是培养孩子社会能力的机会。

Tips

孩子多人在一起游玩时，就会学习如何共处。通过游戏能统一或建立共同的兴趣与共同的活动目标。在共同游戏当中，孩子便知道了一些浅显的人际交往、人际关系的概念，如：合作、帮助，你的、我的……

当孩子在玩的时候，家长们可以在旁边观察一下，将会发现他们在玩时思维非常活跃，而且具有很丰富的想像力和创造力。当然，孩子除了玩，还有许多重要的事要做。不能整天沉溺在玩中，玩得耽误了学习是不合适的。

我想，家长以后是不是可以改变一下态度和策略，孩子不是爱玩吗？当然可以，但是约法三章，什么时候该玩，什么时候不该玩，既不能不给孩子一点玩的时间，也不能纵容孩子随心所欲地玩。而且，家长要主动出击，带着孩子玩，教孩子玩。例如周末家长有时间，可以带孩子出去郊游，去公园、去博物馆、去参加各种各样的文化活动，不仅让孩子痛痛快快地玩，而且在玩中提高了趣味，学到了知识，并且母子之间更加融洽，更容易沟通。曾经有位妈妈很苦恼地告诉我，孩子老是玩游戏机啦，孩子总是和一帮小朋友玩得没影啦，其实解决办法是一样的。妈妈们要有信心，要有恒心，把他们的一些正当的兴趣引导到合适的发展道路上，而那些不好的、庸俗的"玩"法，及早不动声色地帮助孩子纠正，让孩子健健康康、快快乐乐地成长。

让孩子在游戏中培养个人能力

玩对于孩子来说并非坏事，关键在于家长对他们如何引导。教育不得法，会让孩子失去快乐，也无法杜绝孩子不玩。而如果引导适当，就能在玩中培养孩子多方面的能力。

孩子的主要生活，尤其是幼儿的全部活动，都是在玩游戏中度过的。父母在孩子喜欢的游戏中，通过反复练习来增长能力，是现代科学家教中能力与素质教育方法的一种重要特点。

游戏似乎与"教育"这个词没有多大联系。一说教育往往认为是让孩子做些不太喜欢的事。真正的教育的核心内容不是让孩子做不喜欢的事，而是以"喜欢的游戏形式"来培养孩子的能力。这种教育方法绝不是"光玩不培养能力"。

素质与能力教育就是让孩子始于游戏的欢乐中，以此引向正确的方向。

一个孩子，3 岁时就让他每天坚持练 3 个小时的小提琴。有的人也许会认为：这么大运动量的训练，有点太过分吧。若父母以游戏的方式教育他，这种训练对孩子来说就只是游戏，孩子不仅培养了音乐技能，而且通过这种游戏达到欢乐。这不是神话或是幻想，我国很多在国际上获奖的优秀小提琴演奏者，每个人都经历了这样的幼年训练。

而父母若是摆出一副严肃的"教育"架势时，任何孩子心里就有点紧张。如果是激发孩子心里快乐的教育，就会不断提高他的各方面能力。这才是正确的教育。

著名的儿童早期教育家、日本的铃木镇一先生，就主张这样的教育方法。铃木才能教育学校收留的幼儿，开始也不让其拉小提琴，而是先对其母亲进行指导，以便做到也能拉小提琴。然后，在家里让孩子先听将要练习的小提琴曲子的录音。因为在一般情况下，即使母亲想让孩子练习，但孩子也不完全都有愿拉小提琴的心情。为了让孩子不知不觉地养成自己也想练的心情，就要让孩子在家里听录音，在教室里旁听其他孩子演奏的曲子。并且，孩子的母亲无论在家里、还是在教室里都要拉适合自己孩子练习的小提琴。总有一天，孩子会从母亲手里拿过小提琴，并主动说："我也想玩一玩。"

在培养孩子记忆力方面，铃木也强调"玩"的意义。

幼儿期是记忆力成长最快的时期，要训练提高孩子的记忆力务必不要错过这个机会，因此铃木想到日本的俳句。俳句运用精练简朴的形式，优美朴素的语言，对孩子一生的记忆大有裨益。

于是，铃木从许多短俳句中，挑选出易被孩子理解的俳句作为教材。当时，铃木执教的"幼儿园"定员为60名，其中3岁、4岁和5岁的儿童各20名。4月份新入园的3岁儿童同高年级的儿童一起，每天新学一个短句，反复背诵，加强记忆。

这种训练法会大大增强记忆力。通过每天的训练，学习俳句的速度逐步加快，记忆的持续时间也逐渐延长，记忆能力也随之不断提高。

为了加强娱乐性和趣味性，铃木把选出的 100 个短句分别写在纸牌上，用这种纸牌形式让孩子们高兴地玩游戏。当对这些短句未记熟之前，玩这种游戏是很难取胜的。伴随掌握的句子增多，说话的技巧和语调也逐步掌握，甚至进一步向独立创作的方向发展。

因此，父母和老师的作用关键在于，能否鼓励孩子不贪玩，乐于主动地进行练习。而对因厌烦不愿练习的孩子，只是喋喋不休地反复催促练习的做法是无济于事的。

家长如何纠正贪玩过度的孩子

缺乏自制的孩子，如果过度贪玩，就会荒废学业，影响健康，并养成许多不良的习惯。在处理玩与学的问题上，孩子由于年纪小，往往把握不住分寸。对此家长要耐心引导，帮孩子正确把握好玩的度与量。

孩子爱贪玩，这是诸多家长感到十分困惑的问题。其实，玩是许多孩子的天性，是他们出于对周围事物、大自然的浓厚兴趣的一种表现行为。所谓"贪玩"只不过是孩子在处理"玩"与"学"的过程中，在时间长短，轻重缓急上发生了错位。对于贪玩的孩子，家长应该怎么办呢？我们建议从以下几个方面着手：细心观察、因势利导、合理安排、循循善诱。

◎ 细心观察

对于贪玩的孩子，家长应该注意细心观察孩子爱玩什么，与哪些孩子玩，怎么玩……分析这样玩的后果对孩子身心健康是否有益，是否妨碍和伤害到其他人的利益，是否对社会环境产生不良的影响……在没有进行细心观察掌握第一手资料之前，对贪玩孩子主观地横加干预是不妥当的。

◎ 因势利导

贪玩孩子的兴趣爱好往往十分广泛，把贪玩孩子的爱好引向更科学、合理有助于身心健康的方面，我们的孩子就是一个爱好广泛、又比较贪玩的孩子。玩起来认真投入，往往不能自制。若孩子喜欢踢足球，他会在课余时间常常在楼下的小路上踢。尽管场地狭小，仍然玩得汗流满面。赶上上下班时间，路上车多人多，难免把球踢到行人身上或自行车上。其实，孩子喜欢踢足球是项好的体育活动，是锻炼长跑的好机会。但家长要阻止孩子在楼下踢球，而要求孩子在周六或周日带他到学校或专业的操场上去踢，这样活动场地大了，孩子也能跑起来了。这样做的结果既保护了孩子的兴趣，又锻炼了长跑，弥补了体育课中孩子的弱项。

◎ 合理安排

孩子的兴趣广泛，又得不到合理的安排，往往在玩的时候投入的精力多，占用的时间长，没有节制的玩造成"贪玩"。改变孩子"贪玩"的现象，应该是家长帮助孩子合理地安排和选择"玩什么""怎么玩"和"什么时间玩"，使孩子能够在"玩"中受到教益。如家长不妨鼓励他们与年长于他的人对弈，训练他骑车、游泳等基本技能。有条件还可以经常带他们郊游，爬山，参观博物馆等活动。

◎ 循循善诱

所谓循循善诱就是帮助孩子"玩好""玩巧"，在"玩"中诱导孩子丰富的思维和想像力，培养他们发现问题和解决问题的能力和方法。

三 怎样教育"网瘾"与"电视迷"的孩子

今天，互联网已渗透到人们生活的每一个角落，在人们能够想象的领域中，它几乎无所不在。通过它，人们可以和朋友保持联系、浏览信息、听音乐、结识新朋友等。网络生活已成为青少年生活的一部分。网络改变了人们的生活，这是不容争辩的事实。可是，在它给人们带来极大便利的同时，却出现了新问题——网络成瘾。

那么，怎样来教育网瘾的孩子？这是每个家长都必须要正视的问题。

网瘾的孩子在增加，家长的烦恼无穷尽

上网成瘾已成为当前一个严重的社会问题，而且孩子已成为社会网络活动的主体。据权威机构统计，目前城市上网小学生比例为25.8%，初中生为30%，高中生为56%。同时研究也表明，网络成瘾的孩子高达10% ~ 15%。在校学生中，因迷恋网络游戏、网络聊天等造成学习成绩下降、旷课、逃学的现象日益增多，有的甚至

走上了违法犯罪道路。而且犯罪率越来越高，不少地方每年以 10% 的速度在增大，这是一个非常可怕的数字。

今天网络游戏负面影响越来越大，已成为严重的社会问题。网络游戏的污染性极强，甚至比重工业污染环境还厉害，因为它污染的是中国几百万青少年的未来。

据报道，上海某大学有 81 名大学生因为学习成绩不合格而被学校退学，有的学生已经到了大学三年级，他们中很大一部分是因为长期沉迷于网络游戏而导致学习成绩下降的。这才仅仅是一所学校的情况，而全国的状况更令人担忧。

> 重庆有一个孩子的家长患有小儿麻痹症，需要靠轮椅行走到各网吧去寻找孩子。为了不让家长找到自己，孩子故意跑到这座山城最高的网吧去打游戏。为了找到孩子，这个家长顺着坡往上爬，一直爬到四肢流血。

像这样的例子太多了。每天下班以后，多少家长一条街一条街、一个网吧一个网吧地呼儿唤女。这样的家庭太多了，家长们痛心啊，绝望啊！

网瘾对家庭的影响是灾难，它影响的不仅仅是孩子本人，而是还有孩子身后的六个人：爸爸、妈妈、爷爷、奶奶、姥姥及姥爷。

不少家长都觉得孩子上网成瘾是孩子有心理问题。其实，每个人都有不同程度的心理问题，但有心理问题并不是说就有心理病。就像人们有癌细胞并不表明就有了癌症一样，同样还是个量和质的区别。希望家长们不要以为孩子不听话，上网成瘾就是有了心理病、精神病，而强迫孩子去精神病医院看病，强迫孩子乱吃药。那样做的结果是，不但问题得不到解决，反而会使孩子与父母的对立情绪更严重。

一般来说，孩子上网成瘾是认识问题、习惯问题、教育问题，也可以说是一定程度的心理问题，但绝不是心理病、精神病或生理上的问题。

生理病要用物质的药来解决问题，而心理问题则需要用心药来解决，这种心药就是理性的心灵沟通。

沉迷于网络，也会引起孩子心理健康的问题。如果孩子沉迷于网络，会更加缺乏人际交流，产生自闭倾向。长期沉迷于网络和游戏在导致左前脑发育受到伤害后，会进一步影响右脑发育，使人处于亚健康状态或直接导致心理障碍。

循循善诱，让孩子远离网络

在网络成瘾的早期，患者先逐渐感受到上网的乐趣，然后上网时间不断延长，由此出现记忆力下降等不良情况。有些患者晚上起床解手时都会情不自禁地打开手机到网络上"溜达溜达"。开始是精神上的依赖、渴望上网，后来则发展为躯体依赖，表现为每天起床后情绪低落、思维迟缓、头晕眼花、双手颤抖、疲乏无力和饮食不振等，上网以后精神状态、身体状况才能恢复至正常水平。

网络上瘾严重者还会出现与生理因素无关的体重减轻、外表憔悴；每天必须连续长时间上网，一旦停止上网，就会出现急性戒断综合征，甚至有可能采取自残或自杀手段，危害个人和社会安全。

对于迷恋网络的危害，在美国早有发现。美国医生曾发出警告：长时间使用电脑，患精神病的机会较常人高出 4 倍。那些平均每天使用电脑 4 小时或以上的人，较多会变得情绪不稳、忧虑及沮丧。

心理学家还担心，在网络和电脑中成长起来的孩子会患上"情感冷漠症"，表现为对外界刺激缺乏相应的情感反应，对亲友冷淡，对周围事物失去兴趣；面部表情呆板，内心体验贫乏，严重时对一切都漠不关心。电脑导致的情感冷漠与普通的冷漠还有所不同。一般的冷漠可能由于精神疾病，而这种冷漠可以说是由电脑引起的，患者不是对所有东西失去兴趣，而是把这种兴趣都转移到电脑世界之中去了。

孩子的情感冷漠是一种心理障碍，应引起父母的重视。孩子一旦形成对电脑的心理依赖，就会出现一种类似上瘾的症状，对别的事物失去兴趣，社交圈缩小，沉溺在虚幻世界中不能自拔。这不仅会使孩子正常的学习和生活秩序受到干扰和破坏，而且严重地影响了他们的健康成长。

一旦孩子上网成瘾，父母采用简单粗暴的教育方式非但于事无补，反而会引起他们的逆反心理："偏上网给你看！"父母应当在尊重孩子独立性的前提下，以民主的方式，循循善诱，使孩子远离网络。具体做法包括以下几方面。

其一，要帮助孩子正确看待上网聊天或游戏的作用。无论网络有多么的真实，毕竟都不能代替真实生活，它只是满足孩子在生活中无法满足的一些心理上的需求。不能因为上网而放弃一切，有了这个理念作为孩子的指导，孩子上网时就会比较容易控制住自己。

其二，对于自我控制力比较差的孩子，父母可请求同学与老师协助管理，通过综合性的多方面的监督和控制逐渐使孩子消除"网瘾"。

其三，帮助孩子增加人际交往，培养多方面的兴趣，这也是避免孩子上网成瘾的一个重要办法。人际间交往的增多和扩大兴趣范围可以减少孩子对网络的依赖，避免产生不上网就没有事做的感觉。

其四，教育孩子，让他自觉意识到长时间上网会对身体造成很大危害，从而提高自我控制意识。医学专家经过观察证明：长期进行电脑操作易使眼睛疲劳而并发"电脑眼病综合征"，表现为视觉模糊、视力下降、眼睛干涩、发痒、灼热、疼痛和畏光等。为防止这种眼病发生，使用电脑一小时左右，即应休息一会儿。而且长时间上网会伤害腕关节、颈椎和腰椎，影响消化功能，因此控制上网时间是很有必要的。所有这些，家长都应让孩子有所了解和认识。

提醒孩子别误入"网恋陷阱"

当父母们为孩子的"早恋"问题伤神的时候，一些孩子已超前一步，勇敢地到网上寻找伊甸园，有的甚至已经坠入情网。

> 中学生小芳听说网上可以聊天、交友，便加入"网虫"一族。一天，有个叫"骑士"的网友进入她的视线，不久，他们便成了无所不谈的网上朋友。"骑士"在网上告诉她，他是江西某冶金公司驻深圳的营销主管，涉世不深的小芳对此深信不疑。
>
> 4月18日是小芳的18岁生日，"骑士"知道后决定给她庆贺生日。他们在深圳某酒店见面后，小芳被"骑士"潇洒的外表和出手的阔绰所倾倒，之后，他们多次约会，并发生了关系。"骑士"信誓旦旦说一定要到深圳买房子，等小芳中学一毕业就到他单位来工作，两人结婚。
>
> 9月，小芳将自己省吃俭用积攒的两千多元现金一起交给了"骑士"。此后一个多月过去了，小芳给"骑士"打过无数个电话，但一直没有回音。小芳到"骑士"的出租屋一打听，才知道"骑士"早已没了踪影，连房东都不知道他的去向。

一些孩子，他们是因为现实中的种种不如意无处倾诉而上网聊天的。例如，学习竞争的压力、人际关系的烦恼、家庭纠纷等等。一开始，他们上网聊天往往是为了寻找精神寄托，并非有目的的恋爱。一些别有用心的人就会利用这一点，给失意者以安慰，给天真者以恭维。

由于少男少女们的理解力和判断力还比较差，总认为世界是美好的，前途是光明的，自己处在无比幸福之中，以梦幻代替现实，因此往往轻易上当。

"网恋"是孩子的陷阱，是父母的心病。父母要提醒自己的孩子：当心网上用爱做幌子的"温柔陷阱"，切莫被一些谎言所迷惑。更不要与"网友"草率见面。孩子一旦沉迷于网恋，父母应做好以下工作：

其一，面对孩子的"网恋"，父母们不必太紧张。把它看作孩子这个年龄所需要的一种游戏，不必谈"网恋"色变，根据情况，解决问题。

其二，提醒孩子不要与"网友"草率见面，谎言往往是欺骗的华丽外衣，不小心会落入"陷阱"。

其三，父母的防范应当从"风起于青萍之末"开始，因为"网恋"中低级庸俗的打情骂俏也会污染孩子纯洁的心灵。

耐心交流是化解网瘾的秘方

教育孩子是个复杂的过程，这个过程中，他们会不配合，会出现反复。旅美归国的儿童素质教育研究专家陶宏开教授说：只要遵循教育规律，不断尝试采用各种办法，就能耐心地打开孩子心中的一个个死结。

陶教授曾接待过这样一个孩子，他每天除了吃饭睡觉就是上网，和别人交流时总是一副目空一切的样子，陶教授想了很多办法，却一直不顺，打不开话题。

陶教授没有气馁。这个孩子爱讲歪理，于是陶教授心生一计，问他："今年多大？"他说："20岁。"陶教授问："那明年呢？19？"他说"21！"陶教授又问："那后年呢？18？"他烦了，大声说："当然是22！你怎么净瞎说！"陶教授说："是啊，你是一年一年长大的，你也会成家，当你有了小孩，你也让他每天上网吗？"他马上回答："当然不行！"陶教授接着说："那你找个像你一样喜欢上网的女朋友怎么样？"他反应更强烈："那当然不行了！"陶教授说："是啊，己所不欲，勿施于人，你不愿让自己的孩子、女友沉迷网络，但你却这样对待你的父母，这样对吗？"就这样，他终于敞开了心扉。谈到最后，他承诺回家就把电脑封好，再也不上网了。还有些家长，带孩子来找过陶宏开教授一次，孩子承诺不再上网，就以为像打了退烧针，撒手不管了。等到以后，孩子管不住自己，又开始上网了，家长又火急火燎地找来，想要"灭火"。

要知道，冰冻三尺非一日之寒，孩子的心理问题，不是一次、两次谈话就能彻底解决的。比如说第一个到陶宏开教授这里接受咨询的曲倩，她的母亲付出了大量心血，天天和女儿交流，一出现反复，母女俩就一起电话咨询，三个月里他们一共通过20多次电话，每次都在半个小时以上，现在曲倩的情况就非常稳定，不再上网，一心一意刻苦学习。所以要让孩子真正转变，耐心是重要因素。

作为家长，我们不妨问问孩子为什么那么爱玩电脑游戏，他们肯定会说"好玩"，你可再问问他："这样你就快乐、幸福吗？你现在整天上网，不爱自己，就是害了自己，将来可能有一个美好的前程吗？"接着，家长不妨就和孩子们讨论如何成为一个好人，他们反应一定会很热烈，很愿意发言，因为过去没有人和他们交谈过这些道理。

现在都说"与时俱进"，从挽救行动而言，"时"字最重要。其实孩子上网成瘾，关键是家长、老师没有与时俱进，或者根本不懂电脑，把它视为洪水猛兽；或者没有引导孩子看清主流，明白哪些应该学习，哪些应该避免。正如打开窗户可呼吸新鲜空气，但蚊子苍蝇也会飞进来，所以我们要装纱窗，要过滤，为孩子把握时代的脉搏。

正确解决孩子"电视迷"问题

现在，不少中小学生成了"电视迷"，放学回家，书包一放先打开电视，而且一看就没完没了。

有些家长为了电视问题，跟孩子矛盾很大，孩子开，家长关。有的家庭约法三章，谁也不许看电视。甚至有的家长会说："砸了电视算了！"

家长们禁止的方法太简单化了，而电视节目又极有吸引力，如果父母一点也不让看，孩子心里痒得就像长了草似的，也不能踏实下来学习。

而且电视的功用有两重性，一是娱乐性，二是教育性。家长们往往只看到电视娱乐性的一面而忽视了教育性。许多专门为不同年龄段孩子录制的节目，对开阔孩子视野、增长知识、提高认识能力、提高是非判断能力非常有教育意义。

但是有些家长，在孩子没上学的时候，用电视当"保姆"，以便让孩子老老实实在电视前待着，自己去干别的事情，把孩子惯成了电视迷，养成了孩子爱看电视的坏习惯。

父母要解决孩子电视迷的问题，有以下几种方法：

◎ 不能禁止，也不能"放羊"

对于不同年龄段的孩子，应帮助孩子选择不同的节目让他们看。家长应该坚持的原则是：允许看，有选择，有节制，最好把主动权交给孩子。

每一次看电视的时间以 0.5 ~ 1 小时为宜。每周一至周五 1 ~ 2 次，双休日稍多。要培养孩子看新闻节目的习惯，在孩子没有养成有节制地看电视的习惯之前，家长看电视的次数一定要比孩子少，免得孩子有不公平感，淡化自我控制意识。

家长与孩子都必须坚持事先的约定，谁也不能随便破坏，破坏者要罚一周或者两周不许看电视。真能这样坚持两三个月，是可以治好孩子无节制看电视的毛病的。

而且父母要和孩子一起看电视，帮助孩子理解电视内容。跟孩子一起看电视有许多好处。首先，是帮孩子理解电视节目的内容，更好地受到教育。孩子一边看，一边会提出各种问题，家长给孩子解答，跟孩子讨论；家长也可以向孩子提出一些问题。其次，有助于家长了解孩子的心理动态和对事物的看法，为教育孩子提供依据。最后，可以有效地控制孩子看节目的时间，免得孩子失去控制。这样做，电视机的教育助手作用就能较好地体现了。

◎ 培养孩子自主看电视的能力

自主看电视的能力，就是孩子不但能自己选择节目内容，自己控制时间、次数，而且能自觉地吸收有利自身成长的信息。有些节目，可以引导孩子以日记、周记或观后感的形式写出自己的体会，鼓励孩子在写作文或在班会发言时运用这些信息。

Tips

　　许多电视专题节目与孩子的学习有关，与学校的教育活动有关，比如学科知识讲座、科技专题节目、爱国主义影片展播等，应引导孩子选择、收看这些节目，更好地与学校教育配合。

◎ 教育孩子注意看电视的卫生

　　为了不影响身体发育和健康，父母在孩子看电视时应对其有以下要求。看电视时，距电视机 1.5 ~ 2 米，或相当于电视机屏幕对角线的 4 ~ 5 倍。

　　不吃零食。一边看电视，一边吃"电视食品"是不好的习惯，对少年儿童来说尤其影响健康。

　　看完电视后，要认真洗手洗脸。总之，要想使电视迷转变，必须变"禁"为"导"，让孩子由被动控制变主动控制。家长先认真思考一番，有个计划步骤，从简单化教育的误区中走出来。

CHAPTER

8

ZENYANG
HUAJIE
QINGCHUNQI
HAIZI
DE
NIFAN
QINGXU

第八章

怎样化解青春期
孩子的逆反情绪

逆反情绪，是每个进入青春期后的孩子身上出现的正常现象。父母若对此缺少理解和关心，缺少正确的引导和科学的矫正，那么，孩子的逆反情绪就会愈演愈烈，甚至出格变异，酿成家庭悲剧。作为家长，要化解青春期孩子的逆反情绪，首先需要端正自己的态度，依据孩子的成长规律，充分地理解孩子，尊重孩子的独立性，从各方面给予孩子更多的关爱、鼓励和支持，通过亲子间互动，让孩子明白道理，理解家长，以顺利地度过"躁动"的青春期。

一 多多地理解青春期的孩子

在青春期，生理上的巨大变化已给孩子带来了许多的困扰，世俗的偏见又常给孩子带来更多的忧虑和精神负担。因此，孩子极易产生逆反心理。这时，父母必须给逆反期的孩子更多的关心，而且还要学会与孩子沟通和交流。

理解和关心是医治孩子逆反的一剂良药

有些家长认为，只要给孩子"丰衣足食"，就是称职的父母。其实不然，对于青春期的孩子来说，他们更需要的是理解与关心。如果家长能真诚地对孩子奉献自己的一份理解与关心，那么，孩子心中的逆反就会化解很多。

关心逆反期的孩子，必须建立在对孩子的思想、言行给予充分理解的基础上。在青春期来临之后，少男少女们发现了内心中那个新的世界，为了树立新的自我，他们苦苦思索着，思索着自我的形象，思索着自我将根扎何处；他们在关心自我身心变化的同时，惊奇地发现外部世界也在"本质"上改变了模样，那些原本司空见惯的人和事物被悄悄地赋予了新的意义；他们对父母的权威有了新的看法；男孩子眼中的女孩儿变得美起来，女孩儿眼中的男孩儿变得可爱起来；他们对新鲜的事物非常敏感和热情，不愿忍受单调的生活，不甘寂寞，善于异想天开；他们遵循着快乐的原则，在自我为中心的道德观中，他们只认为令他们感到快活的事物才是符合道德的；他们最反感压制，粗暴的压制常常使他们产生焦虑和抵触情绪，形成逆反心理。

没有比处在逆反期的孩子更渴求被人理解的了。如果他们的思想和言行不能被人理解，他们就会感到被冷落、疏远、歧视和遗弃；他们会对不理解他们的人产生抵触和敌意；他们会同社会、同社会上的某些成员或某些群体分离；他们会产生悲观情绪和压抑心理，而当这种情绪和心理发展到极端时，往往不理智的行为就产生了。而这些正是父母们应该十分警惕和注意的。

关心逆反期的孩子，还必须积极创造条件，让孩子获得更多的关心。同时父母应该尊重孩子的交往需要，鼓励孩子走向属于他们的天地，帮助他们清除心理的障碍，积极创造条件，让他们到集体中、到社会生活中接受锻炼，学会交际，学会相互尊重，学会相互了解，学会取长补短，在与他人的交往中丰富知识，增长才干，加深友谊，健康活泼地成长。

理解孩子青春期的变化

陶行知先生说："人人都说孩子小，谁知人小心不小。你若小看小孩子，便比小孩还要小。"其实孩子像大人一样，也是一个独立的整体。他们希望得到别人特别是大人的理解和尊重。尤其是孩子进入青春期后，往往觉得自己已经是成人了，这就更需要父母耐心地教导，并给予正确的示范。

而且当孩子进入青春期时，往往想主动摆脱父母的束缚，割断与父母之间的心理依赖关系。这是孩子自我意识发展的表现，是一种正常的心理。在这个阶段，孩子除了基本的物质需要，可能更需要和别人进行精神上的交流。父母应该切实从精神上更多关爱、鼓励和支持孩子，而不能把他们当作什么也不懂的小孩子。

英国教育家斯宾塞指出："聪明的父母总是考虑孩子的感受，在适当的场合轻松地寻求问题解决的途径。"也就是说，父母要正视孩子的这种心理，给孩子一个宽松的氛围，促进孩子自我意识和自主能力的发展。

父母不要因为孩子出现了这种变化就惴惴不安，而应该充分理解和支持孩子的这种变化，并要给予积极的引导。比如，妈妈可以说："看来小姑娘已经长大了，有了自己的想法。妈妈真为你感到自豪，如果有什么需要妈妈帮忙的，妈妈一定乐意帮忙。"这样能够引导孩子与父母交流，使父母洞悉到孩子的内心世界，进而使孩子轻松地走过青春年少时期。

理解孩子：善于与孩子心灵沟通

父母在与青春期的孩子沟通时，有时会发现孩子有一些"奇怪的""不可思议的"，甚至是"错误的"想法和打算。对此，父母一定要宽容地让孩子充分地表达自己的想法，之后再因势利导，与孩子交换意见。

俗话说"理解万岁"，尤其是青春期的孩子，更需要理解，父母对他们的要求不能成人化。要知道幼稚、单纯、富于幻想是孩子的天性，这导致孩子容易异想天开，易违反纪律，易出错。因此，一旦孩子出了错，做了荒唐事，父母要理解他，帮他找出犯错误的原因，这样才能促进沟通。如果不分青红皂白乱骂一通，是收不到什么效果的。

说到父母要爱孩子，许多人都会齐声赞同，可要他们去了解、理解孩子，有些人就会不以为然，"孩子就是孩子，孩子有什么需要理解的。"

父母总认为，孩子虽然已经到了青春期，却仍然是年幼无知的，需要严加看护。其实，孩子有孩子的世界，如果父母能站在孩子的立场上去体察孩子、理解孩子，他们就会发现，孩子的许多想法和感受是多么合乎情理；站在孩子的立场上，父母非但不比孩子更英明，甚至常常会发现自己还不及孩子。

对于青春期的孩子，父母需要给予他们体贴与体谅，并适时地和他们沟通。作为父母一定要注意，不要因为自己的理解出现偏差，而影响孩子的正常成长。父母应了解到，大人有大人的世界，孩子有孩子的世界。孩子的思想行为在大人看来经常显得幼稚可笑，但是它们与孩子的年龄、意识、思维的发展阶段是吻合的。

父母应当尊重孩子的意愿、权利和隐私，建立平等、相互信任的关系，做孩子的知心朋友，这样有利于消除孩子的抵触情绪，化解孩子的逆反心理。

孩子往往喜欢与家庭以外的成人交往，因为那些成人对待他们很像同辈，而孩子在家庭中往往就感受不到这种气氛。在家庭中父母对孩子，总像是上级对下级那样，总强调父母自己的观点与尊严而不顾及孩子的想法。父母从来都认为自己是对的，而孩子从来都是错的，实际上，这种做法，不仅得不到孩子的认同，还容易引起他们的反感，以至于破坏父母在他们心目中的形象，因而达不到预期的教育效果。

其实，父母和孩子的交往，应该是平等和民主的，而不应是独断的。父母在家庭教育过程中要尊重孩子。孩子在家庭中扮演的虽然是子女的角色，但与父母一样拥有价值和尊严，应该受到尊重。

父母应尊重孩子的权利和隐私。如进孩子的房间前要敲门，不要拆孩子的信件或翻看孩子的日记，不要监听孩子和伙伴的谈话，不要当着孩子朋友的面谴责孩子等。特别是对于孩子内心的秘密，如果孩子不想倾诉出来，父母也不要刨根问底，紧追不放，更不能以一种命令的口吻逼孩子说出来，否则更容易引起孩子的反感，激发他们的逆反心理。

总之，父母在生活中要尊重孩子，把自己放在一个平等的角度来与孩子交往，这样才能在教育孩子时，让孩子对自己更加信服。

信任孩子：做孩子的知心朋友

在生活中，光有对孩子的尊重是不够的，还要与孩子建立相互的信任，让自己成为孩子的知心朋友。

父母与孩子之间的相互信任构成了亲子关系的重要方面，因为不信任会使子女在现实生活中遇到问题时出现抵触情绪，直接影响教育质量。

那么，父母应如何消除孩子的抵触情绪并获得孩子的信任呢？

当父母发现孩子对他们不诚实了，仍然应该对孩子抱以信任的态度，相信他将来会改变和克服这个毛病，要让孩子体会到，老实承认错误对他是有益的。其实最重要的是不要蒙骗孩子。对孩子的提问，包括像"死"和"性"等传统禁忌的话题，也应作诚实的回答。

另外是不要轻易地对孩子许诺什么，除非是保证能做到的。因为孩子往往会将成人的许诺当作誓言，假如父母许下了承诺，但又破坏了这种严肃的承诺，孩子便不会再相信父母了。因此，父母所说的必须是真心真意的，并且是切实可行的，只有这样才能取得孩子的信任。

一旦孩子到了懂得道理的年龄，父母就应当相信他们所说的话，以建立相互之间的信任（除非他说的话很不真实），不要这样对孩子说："你所说的确实是真的吗"或"不要对我撒谎"。这样会引起孩子对父母的反感；而且要用善意代替对孩子的怀疑，这样他将尽力实现对父母的信任。

还有，如果父母不等待孩子的申述结束，便根据一些迹象匆匆下结论，并进行不准确的谴责，是对孩子感情上的蹂躏。父母必须假定孩子是无错的，除非有足够的证据能证明孩子犯了错误。如果不这样做，将难以使孩子确信与父母之间还存在着信任和真诚。

总之，每一位父母都要相信自己的孩子是正直的，并要表示信任孩子的行为与自己对他的尊重是一致的。

Tips

　　孩子信任父母的标志是他遇到问题时能找父母解决，把父母当作知心朋友对待。因为他知道父母很信任他，能给他一个满意的答复。这样，孩子才会把他内心中的秘密透露给父母，而且他也会知道父母一定不会辜负他的信任。

多站在孩子的角度看问题

现实生活中常存在这种情况，有些家长，常拿成年人的标准来衡量孩子，甚至要求孩子做到与他的年龄不相称的高度。教育专家把这类家长的行为和思想命名为"成人主义"。

"成人主义"的家长要求孩子像成人一样思考、理解和行动，这对孩子来说不仅做不到，而且不公平。因为孩子毕竟是孩子。如果家长长期这样要求孩子，而孩子总是做不到，这样的结果必然是打击孩子的自信心，使孩子认为自己微不足道，造成敌对情绪和反抗。因此，家长应多站在孩子的角度看问题。

暑假里，妈妈给小俐报了钢琴班。刚开始的时候，小俐很有兴趣，每个周末都很开心地去上课，放学回家也会自觉地练习。可是时间一长，她好像对钢琴失去了兴趣，开始不认真学了，即使已经学会的也不认真弹了。妈妈很生气，开始责备她，可是妈妈越责备，她越不喜欢钢琴，后来甚至和妈妈争吵起来。

后来，妈妈开始反思自己的教育方法，她尝试着站在女儿的立场去考虑。她想，即使一个成年人在工作和生活中，也会碰到一些让自己不耐烦和不愿意坚持下去的事情。为什么当孩子出现不耐烦、不坚持的现象时，我们却要这样严厉地要求孩子呢？她毕竟还是一个孩子，她想要的只是妈妈的夸奖，对她的宽容。

想到这些，妈妈开始尝试着宽容和鼓励小俐。一天，她对小俐说："妈妈知道你现在很辛苦，妈妈理解你的心情，但是妈妈只是想让你明白成功地做好每一件事都是不容易的，妈妈有时候也会像你一样，对一件事变得不耐烦，不愿意再继续坚持，所以现在妈妈不强迫你，你自己来决定你还练不练琴，不管怎样，妈妈觉得你弹得真不错。如果你还想练，那就让我们一起从钢琴开始，认认真真地做好每一件事情！"

听了妈妈的话，小俐心里痛快多了，也明白了妈妈的一片苦心，于是又开始认真练琴了。

作为父母，遇事多从孩子的立场考虑问题，进行一下换位思考，理解孩子的心情。比如，孩子约好了要和同学去爬山，而父母却坚持要孩子陪他们出去买东西，于是，孩子顶撞了父母，发生了激烈的争吵。这时，如果父母站在孩子的角度去考虑问题，孩子和同学的约定肯定是很正规的，如果孩子不去，同学们可能会看不起他，觉得他不守信用。所以，父母应该对孩子说："真是一个守信用的好孩子，我们理解你的心情，快去吧！"当父母这样做的时候，父母就会发现孩子的一些看起来非常难以理解的行为和做法，其实都是可以理解和宽容的。而且这些做法中可能会潜藏着孩子的一些优点和值得赏识的方面。

二　不要过分地干涉孩子交友

　　人一生的成长、发展、成功、幸福，离不开社会；孩子一生的愉快、烦恼、快乐、悲伤、爱与恨，也同样与其他人的交往分不开。人际交往，对孩子的成长至关重要。现代家庭多是独生子女，没有朋友，孩子会感到孤独，而且不会与人交往的孩子会产生严重的心理问题，如孤僻、忧郁、自私等。父母万万不可扼杀了孩子与他人交往的渴望与需求。

人际交往是孩子健康成长的需要

　　人的本质属性是社会性，人是社会性动物。因此，与人交往不仅是每个人生活中的基本组成部分，而且也是建构人类文明的基础。生活中如果没有与他人的交往，也谈不上其他的一切。中国城市青少年消费形态调查报告显示，半数以上（51.1%）中学生认为，知心朋友是自己未来生活中最重要的，这一比例远远高于选择财富、权力、信仰等等其他事项的比例。同时，59%的中学生表示最快乐的时刻是"与朋友在一起"。这反映出交友已经成为青少年生活中必不可少的一个重要的组成部分。据分析，现在十几岁的城市青少年基本上都是独生子女，没有兄弟姐妹之间的争吵与陪伴，有的只是父母的说教和无尽的爱，因而现在的孩子更渴望友谊，渴望同龄人之间的理解与交流。人不能脱离社会而存在，孩子的生活同样离不开与人的交往，这是生长发育的自然规律。一个孩子拥有什么样的人际关系，关系着他生活是否幸福。假如一个孩子拥有融洽和谐的人际氛围，无疑他是幸福的。假如一个孩子生活在紧张的人际关系中，那么伴随他的必然是孤独、寂寞、自卑和疑虑。

可见，人际关系状况影响着孩子的生活质量。对于处于成长中的孩子，人际关系的困惑，对他们的精神世界构成很大的冲击。在对北京市近2万名中学生进行的心理健康状况的调查结果显示：其中，人际关系处于敏感状态的中学生就占三分之一。既然这么多孩子存在人际关系方面的问题，说明这种状况所显示的后果已经非常严重。我们不妨听听他们心中有些什么困惑：有的同学感觉自己总是不自觉地在把同学分成三六九等，比如学习拔尖的、成绩平平的和成绩落后的。而为自己是属于落后的群体，有的孩子每次和学习好的同学说话时，总感到有些不自在，甚至有时感觉自己是小丑；有的孩子乐意与人交往，可是见了人常常不知道说什么，后来就很少与人交谈；有的孩子希望能使别人更快乐，但是却觉得自己的成就不大，不知道该如何改变这种状况；有的孩子总是渴望能与自己喜欢的女生说几句话，做个朋友，可是见了女生的面就脸红，原来想好的话当时就全忘了，不知道说什么好，而且手脚不知道往哪放，等等。

要使孩子们从根本上改善人际关系，父母在家教中必须了解人际交往的规律。只有掌握了规律，才能在教育子女中让孩子们善于与人交流，并在人际交往中占据主动。所以，家长们要积极为孩子们的健康成长着想，建立良好的人际氛围，创造良好的学习和生活环境。

朋友是孩子成长中的宝贵财富

如果说，父母是孩子的启蒙老师，那么，朋友则是孩子的学习榜样。孩子各种生活技能的学习来自于父母，也来自于身边的伙伴和朋友。如果父母能以身作则地教育孩子，还能为孩子创造一个良好的交友氛围，这对孩子的未来而言，则会受益终身。

在人的一生中，知识是力量，朋友便是财富。

在人的各种基本生活技能中，学会如何建立及保持友谊，是一种至关重要的生活技能。对家教的科学研究发现，良好的人际关系是树立孩子自信心的根本，是幸福生活的保证，也是家庭凝聚力的源泉。它在很大程度上影响了每个孩子一生的个人发展。当孩子进入青春期后，他们首先要参与集体活动，并通过集体的认可，随后再通过比以往更多的独立性行为重新认识自己、评价自己。在孩子这一走向成熟的过程中，父母应该鼓励他们走出家门，走到集体中，学会与大家和谐相处，找到自己的友谊。现在独生子女越来越多，家长自己工作又忙，除了在学校，孩子与人交往的机会越来越少。有些家长怕孩子一个人在外面出危险，所以要求孩子一放学就马上回家。其实这种指挥型、封闭式的教育是不符合现在这个开放的社会的要求的，也不符合孩子的成长规律。现代社会是个开放的社会，要求的是善于与人打交道、社会活动能力强、能较快适应环境的人。如果孩子从小交际范围就很狭窄，是不可能很快做到这一点的。美国哈佛和耶鲁大学的心理学家经过多年的研究发现，孩子成长的基础是智商，而至关重要的却是情商。与他人的交往和合作是孩子情商的重要组成部分，也是人生存必备的技能和素质。

在现代社会，一个成功的人，往往也是一个非常善于处理人际关系的人。而独生子女由于成长环境的关系，容易眼中只看到自己，所以，培养他们与人交往的能力是非常重要的。

有的父母则会说，孩子还小，不会分辨是非，放手让他自己交朋友很可能碰上坏人，这样孩子会学坏的。所以他们在无形中就给孩子罩了笼子，孩子就像笼子里的金丝雀一样，虽然不愁吃穿，但实际上从身体到精神都处在一个孤独的境地。俗话说："要交朋友，先认好人。"如果家长总是灌输"外面的世界充满了危险"这样的观念，孩子就难免产生对他人的不信任感，这样是很难找到朋友的。因此，父母正确的态度应该是鼓励孩子在人际交往中不断学习和成熟，而不是始终把孩子置于自己的保护伞之下。很多父母大多信奉这个准则："近朱者赤，近墨者黑。"对孩子来说，选择什么样的朋友确实非常重要，尤其是对那些思想尚未成熟，言行容易受周围的同伴影响的孩子来说，不良的朋友确实会让孩子学到许多恶习，难怪不少家长对于子女结交的朋友非常紧张，非常关注。但家长不能因此而限制反对孩子与人交往，这样的后果同样是极为有害的。

生活中，常听到孩子不满地诉说："爸爸妈妈不给我一点自由，连交朋友的事也要管。"

未来社会需要我们下一代具有社会交往和活动的能力，然而今天的独生子女恰恰缺乏与人交往、合作的机会，他们身上或多或少地有着不合群、自私等影响社会化进程的表现。为了保证下一代的良好素质，应当重视孩子交往能力的培养。

有研究表明，常与小朋友们接触打交道的孩子社交能力强，因为小伙伴们也是孩子个性品质形成的重要源泉。孩子常常可以从其他孩子身上学到独立、自信、果断、坚强、敢于冒险、勇于克服困难、进取、开朗、宽容等个性特征，并有意无意模仿学习他人的行为方式与性格特点。

现代社会，在竞争日益激烈的社会大环境下，人们愈来愈认识到早期培养孩子竞争意识和竞争能力的重要性。

很多家长常把孩子乖乖听话作为好孩子的标准，现在，这个概念已经陈旧。从孩子的生长发展的情况来看，从小培养具有既有独立自主意识，又能善于与人交往合作的心理素质和生存技能才是适应这个时代的教育观念。

从社交的角度出发，父母要发展孩子结交朋友或维持友谊的能力，以锻炼他的社交能力，让他从小学会善于与人相处，善于建立人际关系。

一个孩子如果会欣赏、赞美他人，能和颜悦色地接受批评，懂得如何调解和他人之间的冲突，一定很容易交到朋友，赢得友谊。
当孩子在社交场合遇到不知如何处理的状况时，千万不要当场让他难
堪，事后再与他谈，指出他应怎么改进和妥善处理对待。如果作为家
长老爱挑剔你的孩子和他的朋友，这会让你的孩子和他的伙伴很难建
立良好的友谊。父母要为孩子多制造一些让他结交朋友的机会，像加
入球队或街区社团活动等。对于孩子和伙伴之间的争吵甚至打架，作
为大人，不要大惊小怪，太在意，因为他们之间有争吵，也是正常的，
过后他们也许就会好起来。做父母的如果太在意，反而会使他们的感
情和友谊难以恢复，甚至影响家长与家长之间的矛盾。

　　所以，父母应该为孩子的交际范围创造适当的良好氛围和条件，
最好是让他接触不同社会文化阶层的朋友，这样他的视野才会广阔，
能得到不同的文化知识，为人处事方式也会多样，与人交往的心态
才会健康，不至于夜郎自大，坐井观天，带有狭隘的某种偏见。

　　由此可见，在孩子与他人的交往中，父母适当的干预是很重要
的。自然健康的交往对孩子的成长就像阳光对于花草一样重要，而
只追求吃喝玩乐的朋友则会给孩子前进的方向罩上一层迷雾。所以，
就慎重为孩子选择交往的对象。其实最好的着眼点就是交往对象的
文化水平，尽管有时孩子在判断这一点上有一些困难。一般家长认
为的好孩子，大多是温文有礼，成绩优异、聪明伶俐、活泼开朗、
衣着整齐的孩子，如果自己的子女能够交到这样的朋友，对孩子一
定有好的影响。可是，小孩子们选择朋友，往往有他们的择友观，
如果父母自作主张地为他们选择，只会令子女反感。

　　交朋结友是不能强迫的。一般来说，性情相近、志趣相投、知
识和能力水平接近、经常见面的，往往可以非常容易结成朋友。而

父母干涉子女交朋友，是害怕他们交错朋友，以致误入歧途。因此，帮助孩子认识益友，使他成为一个积极向上的人，是父母的责任。不过，对于子女选择朋友的权利，也不能忽视。让孩子自由地选择朋友，以培养独立思考判断的能力，也是相当重要的。

尊重孩子，让孩子自己学会处理人际关系

今天的孩子大多是以自我为中心去认识事物，去处理和他人之间的关系，并且独立性强，有自己的个性。所以当孩子发生问题时，家长应尊重孩子和他的朋友，不得任意干涉，要让孩子学会自己去处理解决所发生的问题。

随着年龄的增长，孩子会逐渐产生摆脱束缚和依赖、向往独立的想法。出于与人交往的心理需求，他们希望能早日迈向成人的社会，发展自己的独立性和社会性。在这种情况下，父母对孩子的态度应当是尊重的。

在尊重孩子的同时，父母也应该教育他们在人际交往中尊重别人，允许让孩子独立处理与其他人的关系。

王朋的父亲在他考入市重点中学后，从国外给带来了一套珍贵的纪念币作为礼物送给了王朋。后来，王朋在朋

友那里发现了一套篮球明星片，非常眼馋，就用这套纪念
币换了那套明星卡。这显然是一个非常错误极不等价的交
换。后来，爸爸发现了这个交换，感到非常生气。但出于
对孩子的尊重，他没有说什么，只是给他讲了这套纪念币
和明星卡的意义比较，并且说："只要你喜欢，那就保留
着吧，对你以后也许是个经验。另外，再发生这样的事和
父母商量一下可能更好。"

交换礼物是孩子自己的决定，无论他成熟与否，家长都应当尊
重这个决定，既然礼物已属于孩子，他应有权利决定如何安排这份
礼物，父母无权横加干涉。的确，王朋应该从这个交换中学到一些
东西，但是家长从不同角度处理了这件事情，既表现对孩子的尊重，
也教会他应该学习生活知识。

尊重孩子，意味着家长将孩子看成一个个体，而这个个体有权
利像我们成年人一样做出决定。尽管孩子还未成年，他们的体力、
智力都还没有完全发育成熟，从而有可能对一些事情和处理有失妥
当。但是，只要是孩子自己范围内且不影响他的成长或对别人造成
损害的事，父母都不应该横加干涉，即使有不同意见，也只能用引
导的方式来施以影响。

所以，当父母和孩子意见相悖的时候，应该注意自己和孩子的
交流方式，在沟通中不要失去对孩子的尊重，不要打击他自己独立
处世的能力，而应该晓之以理，动之以情，在对问题的分析中，使
孩子明白其中的道理，从而提高对事务的决断能力。

现代心理学研究发现，孩子到3岁时就开始想交朋友了，需要

小伙伴，这就是他们的社会性的萌芽。

一个正在哇哇大哭的孩子，母亲怎么哄他也无济于事，如果这时过来了一个小朋友逗他玩，他立即就会破涕为笑，这是因为小伙伴们之间容易形成一种"共鸣心理"，他们能相互接受对方的影响。伙伴们的关系和母子关系不同，他们之间完全是平等的，他们是要求友谊、信赖和合作的。这一关系等他们长到 5 岁时就显得更为重要了，这时他们就会有自己的"游戏集团"和"领袖"了，小伙伴们相处在一起，起到了很好的"孩子教育孩子"的作用，他们会在这里逐渐地了解到自己与他人的区别和联系，他们也开始认识到随心所欲、任性和以自我为中心，是肯定无法与其他孩子交往的，他们要严格遵守伙伴中的"法则"，要是谁违背了法则他就会被排挤，不受伙伴的欢迎。

这样，他们就会逐渐从"自我"的思想中走出来，学会了谦让和互助，也会了解到自己的权利和义务。

小伙伴之间的关系往往都是十分密切的，它不仅满足了他们的心理发展的需要，而且满足了整个社会心理的需要，从这里他们发展了一种独立性和社会性，增强了那种自主能力和社会能力，为他们以后的长大成人、走向社会打下了坚实的基础。

家长们要尽量支持孩子和别的孩子共同玩耍，一起活动，特别是当自己的孩子和别的孩子发生了争执或打架的时候，更不该感情用事，过早地干预。其实孩子们打架是难免的，如果他们在打架中碰了钉子，他们就会意识到相互之间应该多忍让，考虑一下他人的不同意见，为了使活动能够继续进行，他们很快就会解决这些纠纷，重新言归于好，从而获得了与他人相处的经验。

参加社会生活，可以发展孩子的社会性。孩子们只有接受了社会，才能够了解他人，才能了解自己以外的其他事物，也就是通情达理，他们的身心才能健康地成长。

孩子不善交友，父母应当加以引导

有些孩子由于环境的影响和性格的差异，与人交往时亲和力较差，不善于与朋友交往，虽然他们也渴望有朋友，但在交友过程中时时碰壁，给孩子带来苦恼，这时家长要给予孩子必要的引导，以帮助他们得到更多的朋友和友谊。

有些孩子十分调皮、淘气，在与其他小伙伴们交往时，常常被拒绝，朋友因此很少。孩子不会交朋友还有一个原因，是体谅他人之心没有培养起来。

没有体谅之心的孩子，会时不时地对小朋友用一下坏心眼，或者是攻击一下小朋友等等。比如，故意推倒小朋友在沙坑里做的小山包；把小朋友的手工制品弄坏；别的孩子正玩得好好的，他硬要捣乱等等。

可以说，有这种行为的孩子，恰恰正是孩子渴望与人交往的表现，只是性格淘了些，行为有些出格罢了。对这样的孩子，父母一方面要考虑孩子是否不被爸爸妈妈疼爱，因此情绪处于不安定状态。因为当父母和孩子间的感情联结不够充分时，孩子的情绪不是不安定，就是已经变得僵化了。情绪不安定的孩子，将会失去与他人之间的祥和、稳定的关系；情绪僵化的孩子，大都很少有笑容，而且沉默寡言，即使让他参加小朋友们的游戏，也不会表现出多少快乐，并且，这样的孩子本身也不会主动找朋友玩耍。作为父母，要采取积极引导的方法帮助孩子。

其一，周围的大人们都应怀着体谅的心情，来温和地对待这个孩子，要加强关爱抚慰。对孩子的淘气行为不应加以斥责，理解孩子寂寞的心。开始时孩子可能会表现出抵抗情绪来，但随着次数的增多，他会变得主动要求关爱抚慰，伴随着这一切，孩子的攻击性行为将逐渐减少。

其二，父母要从小培养孩子爱说会说的习惯，为他们将来进行交往活动打下必要的基础。提高孩子运用语言的能力，就是帮助他们架起与他人沟通的桥梁。

其三，父母不要指责孩子太老实、没出息。尤其不要当着外人的面，说孩子不大方、见不得人等。这种责备会加重孩子的心理负担，打击孩子的自尊心，反而使他们更加退缩不前，应想方设法增加其自信心。

其四，家长应当调整自己平时的言行，培养孩子乐观的性格。父母出去串门时，尽可能把孩子带上，这样可以使孩子有机会接触各种各样的人，有机会学习一些社交礼仪和规矩，体会到与更多人交往的乐趣。

其五，父母要尽量为孩子创造一些交往的机会。例如，可以把别人的孩子请到家里来一起玩，或让他和别的孩子一起出去玩。刚开始时，最好先把性格比较内向的孩子请到家里来。因为内向的孩子在和外向的孩子在一起时，胆子较小经常会静静地在一旁观看，不积极参加游戏。因此，应当等自己的孩子在和内向的孩子的交往中，逐渐产生了愉快体验之后，再扩大交往范围，鼓励他和外向的孩子一起玩。

其六，父母要鼓励孩子多参加集体活动。参加集体活动是提高交往活动的重要途径。孩子在集体活动中，不仅可以结识许多的小伙伴，还可以在了解他人的基础上了解自己，学会用集体交往的规则，调节自己的言行，学会尊重他人。信任他人、谅解他人、乐于助人，学会处理集体和个人的关系。

其七，父母要帮助孩子改正不良品质。帮助孩子改正那些不利于团结的个性品质，如骄傲、吝啬、自私等，培养孩子无私、诚实、向上、勇敢的品格，只有这样的孩子，在小伙伴中才是最有吸引力的。

其八，父母不能处处摆出"家长尊严"的面孔训斥孩子。家庭中的大事，孩子可以知道的应该让孩子知道，适当地让孩子"参政议政"。家庭中涉及孩子的问题，更应想到孩子，听听他们的意见。

总之，孩子的交往技能，如团体合作、先人后己、助人为乐等，需要家长在潜移默化而不是命令指挥、粗暴干涉中传授给孩子。教孩子学会关怀别人，这正是培养孩子与他人积极相处的社交能力的根本。

父母要及时去发现孩子的每一点变化，如课堂上勇敢地举手发言，第一次主动与老师打招呼，热情邀请同学来自己家做客，大方地向一个陌生人微笑致意。所有这一切，家长要随时看在眼里，记在心里，并持续不断地鼓励他。如此坚持下去，家长们一定可以看到孩子的不断进步。

孩子回避交友，父母应给予引导帮助

　　有些孩子性格内向孤僻，在与人交往时会产生恐惧心理，因而回避与他人交往，这对孩子的身心发展是极为不利的，发展下去，不仅会导致孩子严重的心理障碍，更主要的是未来将无法在社会中生存。这种情况下，家长要高度重视，并正确引导孩子克服心理因素，学会与朋友分享快乐。请看下面一则故事：

　　某重点中学的初中生王晓云，品学兼优。但她的性格内向，和同学们的交往很少。

　　一段时间，文静温柔的王晓云好像和同学们更加疏远了，而且神色总是很紧张。大家都疑惑不解：她究竟怎么了？

　　王晓云自己也不知道为什么，她感到和其他人在一起，总有一种莫名其妙的心理压力，心好像要跳出来似的。为了减轻自己的心理压力，几乎断绝了与外人的交往，但是心里还是感到很压抑、很紧张。王晓云觉得身心疲惫，人日渐憔悴，学习成绩急剧下降。到底是什么原因使王晓云变成这样呢？

　　从小，王晓云的父母对女儿的教育非常严格，并且不喜欢她与其他小朋友来往。于是，王晓云的朋友变得越来越少，性格也越来越孤僻，以至最后见到生人就紧张，甚至恐惧。一天晚上，她上完自习，独自一个人回家，发现在一个小巷子里，几个男青年正围着一个女孩纠缠。父母的叮嘱顿时变成了她亲眼目睹的事实。她吓得魂不守舍，拼命地跑回家，几天后仍噩梦不断，直到很长一段时间，这种恐怖的感觉才慢慢消失。恐怖的意识虽然消失了，但恐怖的痕迹还是存在。每当王晓云看见异性，就会产生莫名的恐惧，在惶恐、矛盾、徘徊中，她逐渐把自己封闭起来。

　　自闭倾向的产生有主客观两方面的原因。主观原因在于有些孩子本身可能具有腼腆、内向、害羞的性格，这些特点不利于孩子与他人交往。客观原因主要来自于家庭教育。有些独生子女本来就由于社会、家庭等因素，出现了"不合群"的性格，如果父母不注意的话，不仅同意，还鼓励甚至赞扬自己的孩子不与外界接触，不与同学交往，就像王晓云的母亲那样进行消极的"叮嘱"，使孩子在还未接触社会之前，就已经对社会产生了一种恐惧感，这是非常不利于子女成长的。另外，孩子在交往中的屡次受挫，也会使他逐渐回避与人交往。

那么，父母应当怎样纠正孩子的自闭行为，培养他们的交往能力呢？

◎ 消除孩子对社会的恐惧心理，鼓励孩子多接触社会

家长应该清楚地意识到，随着孩子的成长，他与外界的接触会越来越多；孩子是社会中的人，只有在与人不断交往、不断适应社会的过程中，才能不断成熟。父母把自己的观念强加在孩子身上，总把孩子收在自己的"羽翼"之下，孩子会对社会产生惧怕心理，无力承受外界的压力，极易形成自闭倾向。家长应鼓励孩子多接触社会，孩子在接触社会过程中，会遇到在家里根本没有想到过的事情，通过对这些事情的解决，不断总结经验教训，使自己逐渐从稚嫩走向成熟。

◎ 接纳孩子的朋友

与朋友交往本来是孩子独立人生的开始，但如果父母仍固执地想让孩子按自己规定的轨迹走，就可能妨碍了孩子成长的进程。孩子们在与人交往中，他们需要在朋友那里得到的首先是安全感。有时孩子觉得朋友可贵的地方，父母不见得会看得到。父母不一定非要喜欢孩子的朋友，但也不能总是抱怨，否则会伤害了他的感情，使他变得无所适从，导致他将自己封闭起来。

Tips

明智的父母，可以在孩子谈到他的朋友的时候注意倾听，弄清孩子为什么喜欢自己的朋友，可以邀请孩子的朋友到家里来玩，与孩子分享交朋友的快乐。

◎ 教孩子正确看待交往中的挫折

孩子在交往中遇到挫折是难免的，但由于孩子的性格不同，对挫折做出的反应也不一样。有的孩子生性敏感，自尊心强，当他们遭到别人的拒绝时会很伤心，从而对与他人交往产生一种恐惧，逐渐变得退缩。家长应注意孩子情绪的变化，经常同孩子沟通，了解孩子与朋友交往的情况。当出现问题时，采取合理有效的方式帮助孩子解决，从而使孩子积极地与他人进行交往。

◎ 主动与人交往，让孩子在心灵上不再孤寂

封闭的家教方式是对儿童天性的扼杀。不可否认，孩子在心灵上的封闭与父母的管教确实有关。作为家长，不妨抽出时间来，带孩子去感受大自然。这样，不仅有益于孩子的身体健康，还会让他们把心中的不快与压抑释放出来，使他们逐渐变得豁达、开朗，主动与人接触交往。

父母不要过分地限制孩子与异性交往

　　家长对待孩子的异性交往常常持否定态度，甚至错误地认为孩子的异性交往，就是"早恋"，因此，严厉禁止，严厉制裁，其实家长这样的想法并不完全正确，异性朋友对孩子成长也有帮助，应当区分情况善加引导，而不要过分限制和干涉。

　　随着年龄的增加与交往的增多，孩子变得爱交朋友了，并且不只同一样性别的孩子来往，也会同异性交往。会经常约异性同学到家里学习、上街玩和郊游等。有些父母对此颇为担忧，怕孩子跟异性同学交往会闹出什么乱子来。

　　孩子们要广交朋友，因为"喜欢与人相处""渴望被人疼爱"是人的本性。

　　从生理发育的科学规律认识，进入青春期，孩子的性意识开始觉醒。青春期性的需求主要表现在与异性交往中满足对异性的好奇心和释放性心理能量。善于与异性交往的孩子往往是开朗、活泼的，心理不受压抑。

　　正常的男女同学间的交往，有利于男女同学的相互了解，消除男女之间的神秘感，还可以得到智力上互渗，情感上互慰，个性上互补和活动中互激。但这时的孩子不一定都能正确区分开友情和爱情。友情（也叫友谊）是以友爱为出发点，有共同目标的朋友之间的深切感情；爱情是以性爱为基础，以结婚为目的的活动。爱情是两性之间所存在的一种特殊关系，需要通过理智、道德、意志来实现，需要负社会责任和法律责任。这时，父母就要做耐心细致的教育，讲道理，积极引导，而不能一概禁止或是放任不管。心理学家把青年交友，包括交异性朋友的好处总结为 8 条：一是带来稳定感；二是度过快乐的时光；三是获得与他人友好相处的经验；四是发展宽容大度和理解力；五是得到掌握社交技能的机会；六是得到批评他人和受他人批评的机会；七是为将来提供求爱的经验；八是培养诚实的道德观。

青春期孩子的交友往往是凭直觉和纯洁的，对这种友谊父母应当格外尊重和鼓励。让孩子参与自然的集体的异性之间的交往，要告诉他，不要把异性视为特殊对象而感到神秘和敏感，形成一种人为的紧张和过分激动的心态；也不必因对某个异性有好感，愿意与之交谈、接触，就认为自己爱上了对方，或以为对方对自己有情，错把友谊当爱情来追求。家长也不要把青春期的异性交往看作是"早恋"，是一种"错误的要求"或"会闹出乱子的坏事"，而想办法去"制止""拆散"。

家长要教育处在青春期的孩子要用平常心态对待异性朋友，控制性冲动，培养自己的健康人格，端正性观念和批判"性解放"思潮。有人认为只要女孩愿意，男孩不吃亏。实际上，那是人品问题，男孩一旦放纵自己，不仅给女友带来灾难，同时也使自己产生强烈的罪恶感。

异性之间如何交往呢？在与异性同学交往中不必过分拘谨；也不应过分随便；不宜过分冷淡，也不该过分亲昵；不可过分卖弄，也不应过分严肃；仪表要端庄，举止要得体，态度要稳重，不在异性同学面前说一些难听的粗话、脏话，以免使对方产生一种轻浮、不严肃、不庄重的感觉。家长们以下面这三条原则教育引导孩子，就有助于孩子正确地与异性交往。

相互欣赏，相互学习，相互尊重，相互帮助。补充因性别差异带来的体能、性格、性别角色的不足。胸怀坦荡，平等宽容，以诚相待。

保持广泛接触和群体形式，注意交往的分寸，少与异性单独接触，没有特殊需要，不单独约会。

注意把握和控制自己的性冲动，避免由于朦胧而产生的偏差，珍惜少男少女的纯洁，理智地有分寸地对待出乎意料的感情越轨，尤其对待"性诱惑"要敢于说"不"。

尊重孩子，让孩子自己选择朋友

父母尊重孩子，应当包括孩子自己选择朋友。与自己的伙伴们交往，每个孩子都有选择自己中意的小朋友这个权利，家长不应该进行干涉或限制，并人为地给孩子设计交友的范围与模式，而忽视孩子自己的要求，这对孩子的健康成长是不利的。

很多父母既担心自己的孩子没有朋友，而又抱怨孩子和那些家长们不喜欢的孩子交往。

这些家长经常忘记了要尊重孩子们的不同类型和个性，而竭力迫使孩子们符合同一种模式。如果这些父母有一个符合他们梦想中的模式的孩子，他们就会感到无比欣慰。然而实际上，有些孩子很安静、内向，而有一些孩子却很活泼、外向；有些孩子喜欢大众化传统的生活方式，有些孩子则独钟无拘无束的生活方式。家长应把注意力放在孩子的真正需要上，帮助孩子，尊重孩子，并鼓励他们与朋友们和睦相处。

孩子在和朋友的交往中，在对比中，每个孩子会更容易发现自己的优点和缺点、优势和劣势、长处和短处，从而更有针对性地保持自己的优势，吸收朋友的长处，克服自身的缺点，不断完善自己。因此，家长要从以下几个方面入手，教会孩子以正确的方式选择朋友，并进行和谐的人际交往。

◎ 平等互利

朋友之间应该是平等的，人需要别人的帮助，也需要帮助别人。孩子在与朋友交往中，同样也需要平等相待、互助互利，只有这样，友谊才会有坚实的基础。

◎ 相互理解

相互理解主要是指朋友之间的言行能够得到对方的接纳、赞成或支持，从而引起双方看法、意见的一致和情感上的共鸣。

◎ 真诚守信

真诚与守信是朋友之间建立信任和友谊的基础。对于孩子来说，这条原则也非常需要，从孩子时起，就应该培养人际交往中的这种良好的品质，长大以后在涉足社会的人际交往中才能更好地拓宽领域、广交朋友，使自己的事业兴旺发达。

◎ 豁达大度

豁达大度、心胸开阔，是朋友之间交往和建立友谊的另一个要素。处在青少年时期，在人际交往中逐步培养自己豁达大度、心胸开阔的气质，对自己的未来人生是十分必要的。豁达大度、心胸开阔，指一个人具有宽阔的胸怀、宏大的气量和较深的涵养。

◎ 目的正确

必须教育孩子懂得交朋友要有真诚的情感付出，以真心换真心才能交到好朋友。对不同文化阶层的孩子，自己的孩子希望与他们交往，目的是要互相帮助，互相学习，形成一种同伴之间真诚的友谊，避免孩子在成长的路上因缺乏同伴产生孤独感，有利于孩子的健康成长，而不是希望从别人那里得到物质上的一些东西或是别人对他的"吹捧"，这些想法都是不对的。

父母要警惕孩子滥交"损友"

孩子由于年龄小，心理不成熟，分辨是非能力差，因此往往会交到一些不良的"损友"，给孩子正常的学习与生活带来极坏的影响。此时家长既不能强加干涉，这会造成孩子的逆反心理；又不能放任不管，这会导致孩子的失足以致对未来一生都会受到影响。那么，家长如何去做呢？

> 孙毅同学刚上初中二年级，交了几个同学朋友后，常把他们带到家里玩。那几个男孩缺乏教养，吵吵闹闹，口吐秽言，有一次孙毅的父亲还发现他们竟在家里抽烟！父母虽训斥了孙毅几次，但并不见效，孙毅和朋友们不再到家里了，却又常常出去一起玩。父母对此很担忧，怕孩子跟别人学坏。

这种情况，其他家长也常遇到，家长该如何正确引导这样的孩子呢？从道理上讲，每个家长都希望孩子自己能选择他们的朋友。家长应当尊重孩子，反对强制，自由交往是孩子的民主权利。一般正常的孩子都有一些朋友，有些是良友，另一些则是损友。孩子们并不像父母那样惧怕与父母不赞许的孩子来往。孩子经常带回一些叫父母讨厌的朋友，如欺软怕硬的孩子，爱吹牛的孩子，或有着各种坏毛病的孩子。一般说来，孩子的道德感主要在一二岁定下来，这时候，坏伙伴的影响也不能改变孩子已形成的性格，他们基本上已能分清诚实与虚伪，会选择自己的朋友，但也会出现这样的情况：在一定时间内，孩子受顽皮的同伴或轻浮的影响（也许正是由于他们性格上的不同，才把他们吸引在一起），有时会幼稚地自吹自擂；有时候，他们还会把某些完全不正派的行为，认为是富有个性的表现，他们会试着模仿不同类型的生活方式，虽然孩子自己的本意并不喜欢这样的生活方式和道德观。

这时，父母有必要做一些调查研究，了解自己孩子选择朋友的真正原因。有时一个孩子需要有机会与个性不同的孩子交往，以弥补自己的不足。例如：孤僻的孩子需要开朗的朋友；过分受到保护的孩子需要自主性较强的玩伴；胆怯的孩子需要和较勇敢或富于冒险精神的孩子在一起；幼稚的孩子能从和比较成熟的玩伴们的交往中得到益处；爱幻想的孩子需要更平凡一些的孩子影响；霸道的孩子可以由强壮而不好战的玩伴来矫正。父母研究的目的，是使孩子和不同个性的朋友在一起相处，并鼓励他们之间建立相互矫正的关系。

一旦孩子滥交朋友发展到了对自己的人生产生不益影响时，父母就必须采取一些必要的手段，阻止他们的交往，使他们能更快地摆脱那些坏伙伴（至少是些品德不良的孩子）的影响。

首先，父母要防止那些引诱犯罪的孩子，成为你的孩子占支配地位的"朋友"，因为他们的丰富的"经验"，可能在学校或邻里以"英雄"的身份和不易识别的典型出现，允许孩子有权选择他的朋友，而家长又要负责保证他们的选择是有益于他们的，这就需要采用细致核对和平衡的方法。

其次，父母要让孩子感到他的朋友在家中会受到欢迎。孩子和他的朋友在家中相处得越融洽，就越不可能去外面寻求刺激。这就为孩子交友打下健康的基础。对 10 岁以上的孩子来说，对他朋友的直接指责，很可能导致孩子的反对；而间接的、巧妙的批评则要有效些。父母可以对孩子说："这孩子常闯祸，你和他在一起可要注意！"

最后，父母要了解孩子的情感需要。及时发现可能使孩子误入歧途的需要（刺激、冒险、名声、感情归属）。安排适当的活动和家庭会议来满足孩子的这些需要，以增进父母与孩子间的良好关系。父母要告诉孩子，尽管他有权利和他选择的朋友交往，但绝不能允许他们干违法的事。如果孩子的行为冒犯了他人的权利，那么作为监护人的家长必须干涉，因为家长要对他的行为负责。家长更有权阻止一位不会尊重人的孩子出入自己的家。

当上述的这些方式都不能阻止孩子的行为时，就必须采取更加有力的措施——隔离，如让孩子到亲戚家或让孩子转学等等。严厉的惩罚之后，积极引导的教育措施要随之跟上，而这一点正是当前家教中长期以来所疏忽的。

如果孩子在接到父母的提醒之后仍继续与那个不讨人喜欢的朋友交往，父母可以制订一个严格的作息制度来限制他们，并告诉孩子，这是你规定中的一个条款，希望他能严格遵守。

三　面对孩子的出格行为一定要冷静

不要急于纠正孩子的"出格"想法

父母都喜欢自己的孩子在家听话，在外不标新立异。当孩子的意见与大家不合时，他们就担心"这样会让大家讨厌的"。这实际上就是强迫孩子顺从大家的意见，不利于孩子的自我发展和独立创新意识的形成。

特别是孩子提出各种出格的想法或者反对父母的意见时，父母不应轻易地责备孩子不听话。如果孩子的意见是错误的，也应该耐心地说明、解释。这样，才能使孩子成为一个有主见、有创造性的人。

中国很多家长就是喜欢孩子服服帖帖，百依百顺，容不得孩子的反对意见，更容不得孩子的反驳。而现在时代已经变了，再要求孩子百依百顺是很难做到的，而且也是不正确的。

因此，当孩子提出反对意见时，即使不正确，父母也要先肯定其态度后再纠正其偏差。

孩子能够主张自己的意见，具有很强的自主意识，对孩子来说是十分有益的。但是在现实生活中孩子自我意识一强，就会有不少人认为这是坏事。因此，提出不同意见的孩子，就会被大人指责为"别扭的人""出格的人"等。例如，大人总是对不喜欢父母买的玩具、不照父母要求去做的孩子说"你尽给我找别扭"，对反驳父母的孩子也有不少父母责怪说"脾气古怪"。有时父母即使认为这种做法不妥，当孩子与朋友的意见不一致时，也会因担心而教育孩子说："只有你一个人提反对意见，这样会遭到大家讨厌的。"其实父母把不顺从大家的意见或者不好的看法强加给孩子，这与说孩子"脾气古怪"没有什么区别。如果父母采取不认可孩子的自我主张的态度，就会妨害到孩子的自我发展。其结果就有可能培养出大家向右自己也跟着向右的随波逐流的孩子。

Tips

　　孩子有不同的意见并不一定就是什么了不起的错误，更不是对大人的不敬。日常生活中的许多事情本来就可以这样做，也可以那样做；并不是只有一种方法才能做。俗话说"条条道路通罗马"，也就是这个道理。

　　在法国，只能与别人说相同意见的人，不但不被视为一个成熟的人，反而被视为傻瓜。所以在法国的家庭中，无论孩子的意见如何幼稚，父母都会认真倾听。有时父母还故意提出不同意见与子女进行议论。虽然有国情的不同，但这种教育方法是值得学习的。在这种意义上，孩子反驳父母的意见，并不是过分的，甚至是可喜的。父母的想法也需要转变，如果孩子的想法不对，父母可以认真地听了之后加以纠正。父母有了这种态度，就能培养孩子具有自主的创造性的头脑。

02

面对孩子的过错，父母要保持冷静

父母的说教不要简单粗暴，批评孩子不是为了自己消气，而是搞清孩子做错事的原因，帮助他明辨是非，以免再犯。如果态度粗暴，语言尖刻，容易引起对立情绪。心平气和的态度，不但有利于维护父母在孩子心目中良好的形象，也使孩子容易接受，有利于亲子之间的沟通。

在教育过程中，父母要时刻保持冷静、戒躁戒急，当孩子犯错时，父母的说教也一定要适度。

保持冷静，在教育孩子的过程当中，父母应该首先做到这一点。但是许多父母并未意识到这一点，在教育孩子时，控制不住自己，动辄发火、生气，脾气急躁、言语粗鲁，这样做，往往使孩子产生强烈的反感、抵触情绪，非但达不到预期的目的，而且使孩子的行为更加叛逆。因此，教育孩子，要首先要求自己保持冷静。

每个孩子都不可能没有缺点、不可能不犯错误，孩子有了缺点、错误时，父母应该进行批评教育，不能溺爱姑息，尤其是心肠软的父母，更不能对孩子迁就纵容。但批评的方法也要得当，父母对孩子的说教要适度，否则就会造成孩子的逆反心理，不利于孩子改正缺点。

父母要防止拖泥带水的批评，对孩子的说教应简明，不要唠唠叨叨地重复，以免引起孩子的反感。即使孩子重犯错误时，也要冷静地给予指出，不要动辄就斥之为"屡教不改"，也不要因为这次错就涉及过去的错误，甚至扩大到与此无关的事情上。翻老账或炒冷饭的批评往往会损害孩子的自尊心。

有的父母在孩子犯了错误，说教过后便进行体罚，把惩罚孩子变成了发泄自己不满的手段，甚至拳脚相加，这样一来，孩子心中就会积聚起怨恨和不满，对父母的亲情减少，最后家庭观念也随之消失，当前令父母大伤脑筋的"孩子出走"和"自杀"的问题，其中很重要的原因就在于此。

帮助孩子摆脱早恋的困扰

早恋纯真、无邪，但也弊端多多。正确疏导而非压制是明智父母最好的选择。大禹治水靠的是疏而不是堵，解决孩子早恋问题需要的是引导而不是压制。

下面是一位女中学生的苦恼：

上中学二年级时，我们班上来了一个男孩，他成了我的同桌。不知为什么，我从不敢看他，看他就脸红脖胀；我俩同桌，但很少说话，和他说话我就精神紧张；他家就住在我家的前面，我俩回家路上从不一起走，出门见面从不打招呼。可是，我感觉自己喜欢他，时刻在想他，想知道他在干什么，想什么，爱什么。就这样，我每天心神不宁，学习成绩开始下滑。我自己控制不住自己的感情，直到中学毕业。

早恋，作为恋情，无可非议，其感情不夹杂任何世俗偏见和凡尘污秽，纯真，无邪，有时还相当炽热，这些都必须充分肯定。

社会不赞成孩子的早恋，并非抹杀早恋，而只是否定其"早"。

"早"的弊端之一，是不自觉。孩子年轻，知识、经验不足，既缺乏适应社会和组织家庭的能力和经验，又没有建立起正确的友谊观和爱情观，因此，早恋的爱情只能说是凭着一时的冲动，很少甚至没有考虑与爱情有关的各种社会因素的不自觉行为。

"早"的弊端之二，是不稳定。早恋的恋，感情成分多，理智成分少，其眷恋和向往朦朦胧胧，还没有自觉地意识到必须专一，还没有确立以建立家庭成为眷属的目标。因此，早恋是不稳定、不成熟、未定型的恋爱，与成年人那种深刻和富于社会内容的恋爱有着实质性的区别。

"早"的弊端之三，是荒废学业。儿童乃至青少年时代是长身体、长知识的时代，应集中精力于学习，积累自食其力、服务社会的本领。倘若荒废学业谈恋爱，到头来只能是：竹篮打水一场空，爱不成，业不就，嗟叹终身。

对待早恋，最好的方法就是正确疏导。

◎ 疏导的原则

疏导的原则是：尊重、理解、关心、引导。即尊重孩子的人格；理解孩子的美好而纯真的感情；关心孩子的思想、学习和生活；引导孩子回到班集体中去，减少与异性的个别往来。

◎ 疏导的内容

疏导的内容，是教育孩子用理智约束自己的感情。教育孩子，如果心中有了爱情的萌芽，要理智地珍藏在心底，待长大条件成熟后再让它萌发。

◎ 疏导的方法

疏导的方法，切忌简单粗暴。有些家长，把孩子的恋爱心理视作洪水猛兽，以为早恋就是思想意识有问题，就是生活作风有问题，就是"变坏"了。于是，动辄打骂，甚至进行制裁，如临大敌。有些家长，虽然不打、不骂、不训，但在"洪水猛兽"思想的支配下，语气、脸色都足以使孩子感到压力很大，承受不了。这些都不是解决问题的正确方式。

Tips

简单粗暴不仅收不到效果，还会激起孩子的逆反心理，使他们横下一条心来，最终弄成两代人反目，适得其反，把孩子推向早恋对象的怀里。

对这种疏导，有人形象地概括为"三来"：

"跳"出来。用理智战胜感情，从早恋的烦恼中跳出来。

"冻"起来。以前途为重，把早恋感情冻结起来。

"隔"开来。返回集体，尽量避免两个人单独在一起。

有效纠正孩子爱打人的恶习

有些孩子在学校里经常与同学打架，有的甚至仗着自己个子高、力气大，专门欺负力气弱的同学，以此表现自己的英雄气概。其实，这种恶习不仅是不文明的表现，而且对孩子健康成长十分有害。

家长应该如何教育孩子正确处理与同学的关系呢？怎样才能纠正孩子爱打人的坏习惯呢？要想改变孩子的恶习，父母可以从以下几点帮助孩子克服缺点。

◎ 要让孩子明白，打人是一种野蛮行为

家长要让孩子意识到，人与人之间应该和谐相处，互相帮助和爱护。经常打人的孩子是不会交上好朋友的。

◎ 弄清楚孩子在什么情况下爱打人

比如，有的孩子在玩累了，不想再玩下去的时候，特别容易打人，家长就应该在这种时候把孩子叫走，不让孩子再和其他孩子在一起。

◎ 让孩子换一种方法应付恼人的事情

家长要让孩子意识到，人与人之间应该和谐相处，互相帮助和爱护。经常打人的孩子是不会交上好朋友的，而且还可能因一时的失手造成千古之恨。比如，当孩子在专心写作业的时候，别的同学可能过来打扰他，孩子急了就会打人。这时候，家长应该教育孩子

对同学说："等我作业写完了一定陪你玩，你先自己玩一会儿。"让孩子要多与同学讲道理。

◎ 用说理代替武力

告诫孩子不要用武力解决和朋友之间的冲突。让孩子在碰到争执时，最好是讲道理解决，和平共处。

◎ 平静地对待孩子之间的冲突

如果孩子之间发生了冲突，家长一定要保持冷静，不要立刻大声呵斥孩子，让他们停止争吵，更不能因为害怕自己的孩子吃亏而护着孩子。应该让孩子自己说清楚发生冲突的原因，然后让他们自己提出解决冲突的方法，或者为孩子们提一些解决冲突的办法。当然，最好的方法就是让双方都做出让步。

◎ 警告或惩罚

如果孩子打人的坏习惯老是改不了，家长就应该警告孩子，如果再打人，就将受到严厉的处罚。

适当拒绝孩子的不合理要求

现在的孩子，得到了前所未有的爱护、照顾和物质享受，相比父母童年时的生活，可谓天壤之别。可是，如今的孩子似乎永不知足，他们当中不少变成了"小皇帝""小公主"，他们的花样也越来越多，层出不穷，令父母难以招架。年轻的父母有时也会感叹："我们小时候什么也没有都走过来了，现在这孩子什么都有，却老是不满足。"

其实，孩子的心灵本是一张白纸，他们的思想、行为与父母的思想、教养方式和行为准则息息相关。今天的孩子生活在现代社会，他们不仅从父母身上，也从电视上，从大街上，从游乐园中看到这多姿多彩的繁华世界，他们的视野宽广，他们的欲望也变得强烈。而父母常不忍心拒绝他们的要求，千方百计地予以满足，唯恐落在他人之后。可是人的欲望永无止境，孩子亦是如此，甚至更为强烈。不要说满足孩子无休无止、花样翻新的欲望几乎是不可能的，对孩子的需求全部都予以满足首先就是一种大错误。父母过于迁就孩子，等于是促使孩子养成随心所欲、唯我独尊的不良思想，势必导致他们在日后迈入社会会碰得头破血流。

因此，在日常生活中，父母必须学会拒绝孩子。除对孩子非分的要求应当拒绝之外，对孩子正当的要求，有时基于家庭的经济条件，或者出于教育孩子的目的，也未必一定要全部满足。但是，拒绝孩子必须讲究方法。小孩虽小，可心里明白，自己所依靠、所依赖的就是父母，轻易、粗暴、简单化地拒绝孩子的需求会导致孩子的心理受到伤害，产生无所适从的感觉。当父母准备拒绝孩子的要求时，首先要三思，决定之后就把自己拒绝的理由认真地告诉孩子，要相信孩子的认知能力，使孩子最大限度地理解自己的做法，让孩子感到父母不是不愿意满足自己的需求，而是自己的要求过分，或者家里的确有困难。父母一定要促使孩子做到这一步，让孩子自幼明白道理与克己节制，让孩子的心理可以承受一定的挫折，这对他们今后的生活道路是大有裨益的。

有些父母当时拒绝了，可是经不住孩子的纠缠，过一会又予以满足，这是最失败的。这样出尔反尔，一定会养成孩子的坏习惯，孩子会以为通过死缠硬磨的手段就可以达到目的。也有些家长不注意相互之间的通气、默契，爸爸拒绝了，妈妈又同意了，"爸爸不给，妈妈给。"又或许父母达成一致意见，爷爷奶奶却悄悄地予以满足，当父母提出批评，老人又说这是他自己的积蓄，背后又在孩子面前唠叨，这样不仅会造成孩子心理失衡，误以为父母不疼爱他，说什么事情做不到，其实可以办到，只是不愿意为自己花钱。

有些孩子性格倔强，思想上一时想不通，就闹情绪，不吃饭，不理人，这样的话，父母须硬起心肠，不要屈服迁就，可以冷处理，或者想想别的办法，以转移孩子的注意力、兴趣，随后再找一个适当的机会向孩子作出进一步的解释。

Tips

父母需要做到眼光敏锐，平时注意观察孩子，做到出乎孩子的预料，主动满足孩子心中渴望而又没有说出来的愿望，便会事半功倍，会令父母与孩子间的感情融洽，并逐步建立起相互理解、相互信赖的关系。

现在孩子的很多要求并非是出于自己的想法，而是出于攀比心理。孩子们互相攀比彼此的学习用品、衣服鞋袜、游戏玩具，甚至金银首饰，更有甚者攀比的是家长是否单车接送，还是摩托车、小轿车接送。在这样的相互攀比中，家庭条件好的自然占了上风，他们成了孩子们羡慕的"贵族子弟"，这一倾向反过来又导致这些"贵族子弟"会产生高人一等的优越感，更加追求物质享受，慕虚荣，贪浮华；家庭条件较差的孩子，父母又没有正确地对待孩子心中滋生的另一种感觉——自卑感，所以孩子觉得样样不如人，容易形成胆怯、孤僻的不正常心态。

因此，不论是家庭条件好还是条件差的家长都应十分认真地对待孩子的攀比心理，让孩子明辨是非，培养他们适当消费的习惯，把注意力放在学习上，放在与同学发展良好的关系上。

可是，父母适当地拒绝孩子是必要的，掌握一些方法策略同样不可或缺。比如父母在拒绝孩子的同时，答应他如果条件许可，一定会满足他的合理要求，必须信守诺言，绝不可敷衍了事，自以为孩子过后就会遗忘。信守诺言，不仅会树立父母的威信，也会让孩子感到父母是真正关心爱护自己的。